スモールステップで学ぶ
力動的な
心理アセスメント
ワークブック

出会いからフィードバックまで

乾吉佑=監修

加藤佑昌・森本麻穂=編著

JN028416

創元社

力動的な心理アセスメントのすすめ

力動的な心理アセスメントとは

　本書は、主に初学者を対象とした読者の皆さんに、力動的な心理アセスメントを学んでいただくことを目指しています。

　そもそも心理アセスメントとは何をすることなのか。認定資格として広く知られている臨床心理士の職務としての説明では、「個々人の固有な特徴や問題点の所在を明らかにし、同時に心の問題で悩む人々をどのような方法で援助するのが望ましいか明らかにすること」（日本臨床心理士資格認定協会, 2016）とあります。また近年、国家資格化された公認心理師の職務としては、「心理に関する支援を要する者の心理状態を観察し、その結果を分析すること」（公認心理師法第2条）が、心理アセスメントに該当すると考えられます。

　いずれの資格においても、心理アセスメントは心理臨床家にとって重要な職務の1つであり、個人が抱えている心の問題を理解し、より良い支援・援助方法を考えるという点は共通しています。個人を取り巻く組織や集団をアセスメントする場合もありますが、本書では、個人に対する心理アセスメントを特に取り上げます。なぜならそれは、心理アセスメントの基本であり、組織や集団を見る視点としても応用することができると考えるからです。

　次に"力動的"という点ですが、これは、心を理解する枠組みや臨床観・立場を表しており、心理アセスメントだけではなく継続的な力動的心理面接にも共通しています。具体的には、「心を取り巻く様々な力（心の内側の欲求の力やそれを抑えようとする力、自分以外の人や環境から自分に働きかける力など）の関係のあり方を理解しようとする立場」です。そして、個人にとってつらくて受け入れがたい無意識的な感情や体験を見通し・気づきながら、その人にとっての意味を理解することを目指します。

言い換えれば、私たち心理臨床家が「治す」とか「問題を解決する」のではなく、その人自身が「治る」「問題に取り組む」ために、その人を取り巻く環境の調整と共に自らの感情反応や歪みを自覚できるように考える立場です。以上を踏まえると、力動的な心理アセスメントは以下のように説明できます。

　力動的な心理アセスメント（以下、力動的アセスメントと省略）とは、**個人が抱えている問題・症状・悩みについて、心を取り巻く様々な力の関係のあり方から、その人にとっての意味を理解し、個人の主体性の回復や精神的健康の向上のために必要な心理支援を考えること**と言えます。

　本書は、力動的アセスメントを6つのステップ（1.情報収集、2.情報整理、3.評価、4.潜在的な課題の探索、5.受理判断、6.フィードバック）に分けて、学ぶことを目指します。

心理臨床家に要請されるアセスメントの実際

　先述のように、心理臨床の実際では、以下に述べる種々のアセスメントの実践が要請されます。例えば、医療現場において、精神科外来からは「診断補助の意見を聞きたい」「心理療法の適用を評価してもらいたい」、身体科病棟からは「食事を拒否する高齢者に困っているので、改善の方針を聞きたい」、さらに病棟師長からは「病棟のカンファレンスに参加して、臨床心理士からのコメントが欲しい」と依頼されます。教育現場では、担任から「夏休み明けからの登校しぶりの生徒に、スクールカウンセラーとして面談した上で意見が欲しい」との要請があります。産業現場では、上司から「期待の星の若手社員が、役職に就いた頃から元気がなく、仕事にも部下の教育にも精彩がない」との相談や、人事から「若手社員からのクレームが多い課長がいるので、ハラスメントなどの問題がないか相談に乗ってもらいたい」との依頼などが職場健康管理室に来ます。地区担当の保健師からは「災害発生後、不穏で落ち着かない高齢者たちをみてほしい」と依頼されることもあります。

　このように、「なぜこんな問題が生じたか」「その問題を見立て・見通して、関わりの方針を推論するように」との依頼が、心理臨床家に日常的に寄せられています。臨床心理士が生まれた1988年から30年以上も経過し、種々の領域で様々なアセスメントの意見や助言・指導が求められているのです。これも、心理臨床家の大事な役割です。

　これらの要請に対して、本書の力動的アセスメントに示すような6つのステップを、一つひとつ全部検討することが必要条件とはならないことは、日常臨床で対応している読者にとっては当然なことでしょう。ある場合には、情報収集すると同時に整理されることもありますし、依頼内容によってはそこまでの段階、つまり本書でいうステップ1

（情報収集）とステップ2（情報整理）の段階で事足りてしまうこともあります。

継続的な力動的心理面接のための力動的アセスメント

ところが、継続的な力動的心理面接を実施するために、その個人に果たして継続的な方法が適用可能かどうかをしっかり判断する場合には、本格的な力動的アセスメントを実施して、以下の諸点の意見の提出が必要です。

すなわち、相談者の悩みや問題点がなぜどのように生成したのかを、状況的・発生的・力動的な観点から知ること。自我機能や病態水準はどうなっているかを的確に評価し、力動的に定式化するまでを実施すること。また今後、心理面接を継続する中で、アプローチすべきその人の課題が何かなど、関わり方を予測し仮説を立てることです。本書では、これをステップ3（評価）、ステップ4（潜在的な課題の探索）で学びます。

ここで大切なことは、力動的アセスメントは、調査・診断補助のためのアセスメントだけでなく、支援や相談の計画を作成するための作業であり、時にはこの力動的アセスメント自体がある種の心理面接の機能を併せ持っているとも言えることです。これを実践できるようになるためには、1セッション、1セッションの濃やかな積み重ねの工程が必要になってきますし、それらの作業を可能にさせる面接者側の訓練が大いに必要です。

つまり、面接者は情報収集にあたって、先述の「個人が抱えている問題・症状・悩みについて、心を取り巻く様々な力の関係のあり方から、その人にとっての意味を理解し、個人の主体性の回復や精神的健康の向上のために必要な心理支援を考える」という目標を実践するには、以下の複眼的な観点を持つと共に、関係性を読み取る職能力に習熟することが必要となります。

この段階で面接者の**複眼的な観点**と**関係性を読み取る職能力**が備わっていないと、情報がバラバラに集まるだけで統一性のある情報として処理できないままか、または一面的な理解にならざるを得ないのです。

そこで、情報収集にあたっては、面接者はまず来談者の訴えである問題・症状の経緯や現在どんな状態かを、**客観的な事実として「訊く（ask）」**ことに専務することが必要になります。私たちはこれを**ask的観点**と呼びます。このask的観点はどの立場の心理アセスメントにも共通することですが、その見方だけで終わらないのが力動的な関わりです。生じている問題・症状の背景にある、その個人にとっての意味を理解していくもう1つの観点が複眼的に加わるのです。すなわち、ask的観点で捉えられた問題・症状が、その個人にどう体験されているか、またどんな経緯や状況から生じてきたのかを調べる

ことです。そこでは個人の考え・想い・記憶・態度といった、**主観的な体験を「聴く(listen)」**ことが重要になります。私たちはこれをlisten的観点と呼んでいます。

実際に情報収集するにあたっては、来談者の状況的・発生的・力動的な理解に立ち、現在の不調や不適応になっている精神的状態に関する客観的な事実（ask的観点）と、それについての個人の主観的な体験（listen的観点）が、どのように種々に織りなして問題・症状を形成しているかに注目していくという**複眼的な観点**が重要です。

さらに、来談者の悩みに伴う会話内容や話の展開、脈絡や応答の仕方などを把握する「聞き手＝情報収集者としての役割」と、その面接者としての面接過程で示される来談者の態度、振る舞いや口調、挨拶の仕方、服装の変化を含めた「関与者としての役割」という**関係性を読み取る職能力**も要請されます。

それでは、本格的な力動的アセスメントがどんな過程で実施されるか述べていきましょう。

本格的な力動的心理アセスメント過程

力動的アセスメントの過程を理解しやすいように便宜的に、導入段階、面接調査段階、終了段階の3つの段階に分けて説明しようと思います。

まず、導入段階の前に、私たちは、そのような依頼をいただいた時には、依頼元に1〜3回、1回45〜50分の時間設定をあらかじめお願いします（心理検査を含めることもあります）。もちろん急ぎのアセスメント要請の場合は、力動的アセスメントに十分に習熟したベテランが当たります。ベテランは、わずかの時間でアセスメントを終えても、それまでの種々の臨床経験を活かして、自我機能や病態水準を理解して来談者像を描き、見立て・見通し・関わりの手立てを推察して、依頼に応える力量を保持しています。しかし、まだ十分に訓練を受けていない担当者（初学者）ではそうはいかないので、同上の時間設定の猶予をいただくことが多いのです。

1.導入段階

面接者の自己紹介後に、どのような目的で力動的アセスメントが行われるかを、まず来談者に明確に伝えることから始めます。つまり、継続的な力動的心理面接を提供することが適用可能かを検討するために依頼がなされたこと、そのために数回（1〜3回程度）の面接を行うこと、その後、面接を通して理解された悩みや苦しみの心のあり様に関連する課題（心理力動的な課題）をお伝えし、そして今後の方針（継続的な力動的心理面接）が悩みを整理するのに適切かどうか話し合いたいこと、以上を伝えて開始します。

これを私たちは「場面構成」と呼んでいます。これらに加えて、面接時間、料金、休みの場合どうするかなどの取り決めも、短期間の面接ですが確認しておきます。このように場面構成することは、力動的アセスメントを行っていく上で、常にその当事者は来談者自身であり、自分の責任と自覚を持って取り組む必要性があることを指し示す（pre-education）と共に、これから開始する心の内外の、時には無意識の探求に、面接者と来談者双方が協力して当たること（探求的な相互協力）を暗黙のうちに表しているとも考えています。そして、それらの場面構成に対する来談者の反応や関わりのあり方も当然、出会いの課題として慎重に検討の素材とされることになります。

これらを検討するのは、この導入段階には明らかに pre-formed transference（あらかじめ形づくられた転移）などの来談者の問題が直ちに意識的・無意識的に持ち込まれるからです。面接者と来談者とが上記のような場面構成を十分に双方で確認しておくことが、アセスメントを現実的に進めることを支える基盤となると私たちは考えています。

2.面接調査段階
面接調査段階には、以下の2つの過程（初期一般調査段階、詳細な質問調査段階）があります。

（1）初期一般調査段階
この段階で行うことは、その来談者の悩みや問題点が生じた概略を推測し、見立てと見通しの素材を得ることです。その素材とは、具体的には、来談者の悩みや問題点、その程度や歴史、個人的生育史や家族の概略、精神医学上の病歴、社会文化的な特徴・役割・地位・生活環境などです。

力動的な観点から生じている問題・症状を考えるとき、「今、このとき、どのようなことで来談したか」の問いから始めます。その中で面接者は、個人を理解するのに必要な一般資料を「Yes or No」式ではなく、できるだけ自然に、いわゆる発展的なコミュニケーションのもとで聴取します。

（2）詳細な面接調査段階
以上の初期情報収集のもとで、さらに詳細な面接調査（detailed inquiry）を深めていきます。

この段階での調査項目の一例としては、本人自身の幼児期の最初の記憶、幼児や学童期に繰り返し考え思い描いた空想、繰り返し見た夢、遊びの種類や好み、得意・不得意な教科、友人関係のあり方や親友などです。また、思春期の体の発達への反応、最初の恋愛対象との出会いと関係、性的体験、婚約期間中にどんな付き合い方をしたか、計画

的な出産かどうか、子どもを持ったときの夫婦双方の気持ち、その後の夫婦の変化、育児への協力はどうか、さらに家族歴などです。これらの項目は、それぞれ来談者自身のものの見方・考え方・捉え方など病前性格、習慣的態度、対人関係様式などの内的・外的な心の状態の反映であり、来談者自身の像を描くと共に、その人の前意識化された葛藤の表現や防衛機制が抽出されたものとして理解を進めてゆくことになります。

　そこで、この段階で注意したいことは、例として挙げた聴取項目を、幼児期から順序よく聴いていくとか、家族歴を父、母、きょうだいの順に聴いていくのではないことです。あくまでも来談者が自分および家族について自発的に語る思い出・連想や、こだわって強調することなどの話の流れに上手に沿いながら、本人の想いや体験を膨らませ、再び来談者の連想を活性化させるのを手助けする対話が大切なのです。決してこちらの枠組みどおりに答えさせる方法は取りません。

　また情報収集に際して、面接者とその来談者がどのような関係の持ち方をしているか（力動的アセスメントにおける面接関係）に注目することも肝要です。例えば、対人的な対応の仕方・関係のあり方、情動の調律の仕方、喋り方、表情や言葉の表現の仕方、態度・振る舞い、座席の座る位置、何についてどんなときに感情表現が変化するか、質問の仕方、受け答え方などです。こうした来談者の対応の仕方・面接者との関係のあり方などに注意しておきます〔☞ステップ1、2参照〕。

　このように収集した情報は、その後の力動的心理面接での転移や抵抗の様態を見立てる上での示唆を与えることになります。さらに、力動的アセスメント過程を通して、その人の固有の意味や課題を見出していきます。個人が成人の場合であれば、その人固有の意味や課題が、家庭や学校生活あるいは職場での関わりの中で、本人にとって気づかれないまま反復・再現されたり、友人関係などの他者との対人交流やそこでの感情的な反応の形に示されたり、さらには、面接者との間に微妙に映される（転移される）中にも見出されてきます。

　来談者が抱える問題・症状・悩み・生きにくさなどは、その個人にとっての環境的状況や、その人固有の性格特性や、発達的な課題など、多角的で多層的な課題に包まれています。そこで、1〜3回の力動的アセスメント（時に心理検査を含む）を通して、**見立て・見通し・関わり**を描くのです〔☞ステップ3、4参照〕。

　そして、その後の中・長期的な力動的心理面接を自分が所属する施設で実施可能かどうかの仮説を立て、判断することになるのです〔☞ステップ5参照〕。

3. 終了段階

終了段階では、ひと通り来談者の情報が得られた場合に、以下の①から③の過程に進みます。もちろん面接調査段階で、来談者の自由な語りから情報が集まらずまとまらないとか、来談者像が描けず今後の見通しが見出せない場合は、補足聴取の面接を改めて来談者の了解を得て設定することもあります。

① まず得られた知見を来談者に要約して伝える。

② 次に来談者の今後の指針について面接者の考えを伝える。つまり、この①の知見から来談者が今後どのような方針を立てていったらよいかの意見を述べる。具体的には、現在来談者が悩んでいる課題を理解した概略を伝え、その上で力動的心理面接の必要性の有無、内部で実施か外部のより適切な機関・施設を紹介するかなどの意見を伝える。その方針が力動的心理面接の実施であれば、この伝達は同時に継続面接への導入へと展開することになる。

③ そして、以上の面接者の説明や方針から、相談者が方針を選択することになる。

以上の手続きを経て、両者の目的は達成され、ここまでの力動的アセスメントは終了します。多くの場合、力動的アセスメントと力動的心理面接の面接者が同一であるので、アセスメントの終了と継続面接の導入は同時に行われることになります〔☞ステップ5、6参照〕。

収集した情報を有効に機能させるために必要な訓練

情報収集の段階で得られた情報量は膨大で内容も多岐にわたっていますので、情報を個人の支援に役立てやすいように整理することは、初学者にとってなかなか煩雑で難しい作業になります。初学者は、そもそも情報収集に当たり、どの視点に注目するかも掴みにくいからです。

従来この力動的アセスメントの実践初期の訓練期間では、ともかくon the job trainingで上級者が指導していました。何度も上級者の指導や指摘を受けることがあり、音を上げたくなることもあります。本書で言えば、1ステップ1ステップと、何度もアセスメントの実践的な訓練を繰り返して、臨床的に経験を深めてゆくことです。

この訓練では、力動的アセスメントでの二者関係（面接者と来談者）において、来談者がバラバラに語る連想や記憶を、先述した複眼的な観点や役割を通して整理していくことを、面接者が面接後に時間をかけて整理し直すことが繰り返し義務づけられます。そ

の整理では、第三者にわかりやすい言葉で表現することは当然のことですが、さらに、来談者を客観的に対象化したような記述だけではなく、できる限り面接者の主観的な体験を加えた記述も含めるようにします。具体的には、「現病歴は○○、生育歴・家族歴は○○」ではなく、「現病歴では○○について興奮して話すので、こちらが引き込まれて気の毒な気持ちでいっぱいになり、その場にいたたまれなくなった」などです。すると、面接者と来談者との客観性と主観性が織り成され、その場の心的力動が明確化された整理になります。大学院生や若手臨床家などの初学者のプロセスノート作成に際してはこの点が何度も指導されます。

　この訓練を愚直に何度も積み重ねてゆくと、やがて不思議なくらいに、情報収集者の複眼的な観点および関与者としての役割や眼差しが鍛えられて、客観的な事実に主観的な体験を上手に組み入れられるようになっていくのです。具体的には、askとlistenの複眼的な観点が身につくようになり、さらに面接者が情報収集者として情報を集めながら、関与者として慎重にその場の"here and now"の関わりに注視できるようになってくるのです。

　こうして、個人像を描くために必要な整理の枠組みが立ち現れてくるようになります。つまり、これらの観点や枠組みの基礎が身につき、力動的に理解できてくると、それらの情報が有機的につながるようになるのです。

　さらに、ステップ3、4の「評価」「潜在的な課題の探索」の総合としての「力動的な定式化」の枠組みまで面接者の頭の中に常時セットされてくると、ステップ1、2の「情報収集」「情報整理」を進める上での、「何をどう聞くか」「何をどう観察するか」「収集した情報をどう整理するか」の指標にもなります。

どうして私たちは力動的アセスメントを勧めるのか？

　以上の力動的アセスメントの手技を獲得するには、以前は年単位を要していました。セミナー等で、何とか力動的アセスメントの過程を独習に近い形で、ある程度まで理解する手立てはないかと問われることが何度もありました。

　「長・重・古」は今は流行らないと大学院生から聞きました。「短・軽・新」の時代だそうです。本書はその伝で申せば、私が50年前に学び、心理臨床の様々な実践領域や場面（大学病院・精神科病院の医療領域、大学学生相談室、中学・高校のスクールカウンセラー、産業での健康相談、個人開設などの実践領域、および個人精神分析的心理療法、親面接、スクールカウンセラーの現場、身体科とのリエゾン・コンサルテーション、病棟カンファレンスなどの場面）に使い、それと同時に大学の講義で16年講じ、その後精神分析のセミナーで数年間検討

してきた、かなり古くて長い歴史を持った実践的な力動的アセスメントを提示しようとしています。"今さら何で古臭くて煩雑な力動的アセスメントを勧めようとするか"ですが、臨床現場で心理臨床家のアセスメントや心理面接過程の指導や支援を、過去もそして昨今も生業にしてほぼ40年になると、以下の点が大変気になってきたからです。

初学者は当然ですが、臨床歴10年〜15年になっても、「力動的なアセスメントに自信がなく、心理面接の関わりを持ってはいるが、まったく仮説も描けないで曖昧」「ひたすら来談者の話を受容的・共感的に受け止め、症状や苦しみ生きづらさが消退することを目指している」「何を2人で共有して探索しているかが曖昧、したがって介入や解釈も掴めないし、終了の課題も自信がない」「治療の進行が今どんな時点にいるのかも掴めず、来談者と共に困り果てている」「後から入職してくる若手の同僚にどう指導するべきか困って私たちに相談に来た」などの状況を目にすることが多いからです。

この方々の場合、多くは力動的アセスメントが十分でない場合が多いと思います。しかし、力動的アセスメントをぜひ実施し、訓練してほしいと述べると、多くの若手を含めた同僚からは、「うちの施設は忙しくアセスメントの時間をかけられない」と即断で否定されることも多いのです。私には、アセスメントの時間設定を所属施設に相談・希望しないのは、私たち心理臨床家の専門性を自ら無力化するだけでなく、来談者の現実的な苦しみや生きにくさを尊重しない態度となるのではないかと心配です。そうなると面接者は自身の主観的で私的な経験、あるいは理論に頼ることにならざるを得ないからです。本来の力動的アセスメントの目的である、来談者との一期一会の場を共有しながら、来談者が主体性を持って自分の課題に取り組む姿勢が、大きく失われることになっていると思います。

心理臨床家は、そのアセスメント面接から、当面問題である悩みや問題点の所在を明らかにし、来談者の精神病理や問題点の力動性を推論し、思索することやまとめる能力をも磨くことになるのです。さらに、問題解決にはどんな心理支援が適切かをあらかじめ来談者に提示し、共に検討する手続きを行います。これら一連のアセスメント面接によって、心理臨床家としての基礎訓練である、傾聴や介入の仕方、問題の整理、問題点の伝え方などを繰り返し学び経験するという機会も得られるのです。さらに、面接者と来談者との間で、どのような感情関係が今、その場で生じているかをつぶさに観察し、それらを聞き取り、説明できる力を養うという教育が加われば、立派な心理支援のための訓練となります。それと共に、単発的な他職種からのリエゾンやコンサルテーションでの臨床心理の立場からの専門的なコメントにも、これらの職能力を使用することが可能となるなど、大変実践的であると思います。

急がば回れのたとえのように、ゆっくり時間をかけることが訓練当初は必要ですが、

身につけてしまえば心理臨床家としての1つの専門的な大きな手技を手にすることになり、そこからさらに臨床家として自信を持って様々な状況にチャレンジしてゆくことができるのではないかと思います。

　わずか数回の力動的アセスメントではありますが、心理面接の要素が十分に含み込まれています。何度も繰り返す訓練を通して、力動的アセスメントが、面接者と来談者という役割を持った2人の人間のtwo-way communication（相互作用）によって成立するとはっきりと自覚されます。このような2人の当事者で成立する相互作用としての面接関係の理解が、その後に提供することになる長期・短期の心理面接的接近の基盤となるので、まず十分にアセスメント面接が繰り返し訓練される必要が肝要であると私たちは信じています。

　以上、力動的アセスメントの訓練を強調してきましたが、私自身は、心理面接の実践に先立って、まずこの力動的アセスメントでの十分な臨床感覚の養成や訓練が、心理臨床家には何よりも必要と考えています。極端に言えば、このアセスメント面接が何らかの理由で十分に行えず、面接者として機能し得ないのであるなら、心理面接の面接者としても不適切な場合が多いと言っても過言ではないと考えています。

おわりに

　本書で私たちは、「力動的な方向づけを持った心理臨床家が来談者にアセスメントする方法の全容」を示せたのではないかと自負しています。しかもステップ学習を通した独習ワークブック方式でお届けすることができたのも珍しいことだと思います。

　多くの同様な成書は、情報集約は詳しいものの、整理の仕方や評価・見立ての定式化となると急に具体性に乏しくなってしまい、受理判断やフィードバックに至っては具体的に触れたものが少ないことにも驚きます。本書のように力動的な方向づけを持った心理臨床家である執筆者らが、ステップごとに想定事例に適切なコメントをつけていることで、初学者が独習も可能となるかもしれないと考えています。もちろん、上級の力動的な臨床家の指導やグループによるコメントを含めた検討があればさらに容易に学ぶことができると思います。

　本書完成までの道のりは本当に遠かったです。私が専修大学の大学院で院生に心理アセスメントの特講や精神分析的心理療法の特論を教え、その後、私たちが主催する「多摩精神分析セミナー」で力動的アセスメントの講義とワークで受講者と検討し、さらにそれをまとめて編集して、何と完成まで四半世紀が経ちました。やっと日の目を見たことを嬉しく思います。その間の同僚の皆さんの本書編集および執筆者の努力に感謝申し

上げたいと思います。

　執筆者同士の褒め合いは、手前みそでお見苦しいことと重々承知していますが、お許し願います。それほど、力動的アセスメントの具体的な方法論（情報収集・整理から、評価そして見立ての定式化を経て、受理判断やフィードバックを通して心理支援の検討に至る全容）を"見える化"して一冊の書物にすることは、私たちにとって並大抵のことではなかったのです。何遍も何遍も原稿の修正を繰り返すなど、正直大変な作業でした。

　本書が心理臨床家の実践のお役に立てますことを願って、また読者の皆さんが煩雑で厄介さにへこたれずに最後まで読み通して学んでくださることを願って、本書をお届けいたします。

　最後に、このような書籍を快く出版の労を担っていただきました、創元社の柏原隆宏氏に深く感謝申し上げます。

生涯現役を目指す一心理臨床家の想いを込めて

専修大学名誉教授・多摩心理臨床研究室主宰

乾吉佑

本書で扱う
力動的な心理アセスメント

力動的な心理アセスメントのプロセス（本書の構成）

　本書では、力動的な心理アセスメント（以下、力動的アセスメント）のプロセスを6つの
ステップに分けて学びます（図1）。

　以下、各ステップで行うこと・学ぶことについて解説します。

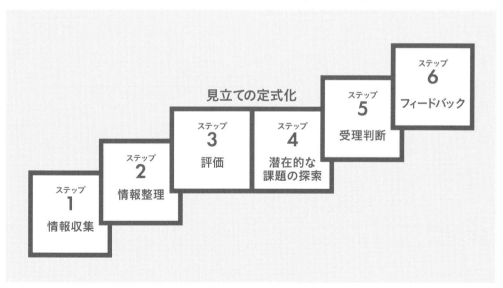

図1　力動的アセスメントのプロセス

ステップ1：情報収集 〔☞p.25〕

　力動的アセスメントの実践で最初に行うステップは、**個人が抱えている問題・症状、それに関する悩みを理解するための情報集めです**。具体的には、"個人がどんな問題・症状を抱えているか、どのように困って悩んでいるか"を把握するため、主に個人との直接のやりとりにおいて、質問や観察によって情報を集めます。

　本書では、何を質問し、どんな点に注目しながら情報を集めるか学びます。

ステップ2：情報整理 〔☞p.43〕

　一般的に、アセスメントで得られる情報量は膨大で、内容も多岐にわたります。そのため、初学者は情報を集めるだけで精一杯になりがちです。しかし、集めた情報がバラバラなままでは個人の支援に役立てにくくなります。そこで次のステップで集めた情報を整理します。

　本書では、個人の支援に役立てやすくするために**情報を整理する4つの枠組み**（動機づけ、顕在的な主訴、家族と生い立ち、面接中の態度・振る舞い）を学びます。情報の整理の枠組みが把握できると、必要な情報を集めやすくなる効果もあります。ちなみに、ここまでの2つのステップは、ある程度トレーニングを積むと、面接で情報を集めながら頭の中で整理を行うという具合に、同時並行的に行えるようになります。

ステップ3：評価 〔☞p.67〕

　個人が抱える問題に関する情報を収集・整理した次に行うステップは、その人の**ものの見方・考え方・感じ方・振る舞い方を評価する**ことです。

　本書では、個人について**「5つの視点」**（知的能力、現実検討力、感情の調整、対象関係、アイデンティティ）**から適応・不適応を評価する**方法を学びます。そして、この「5つの視点」からの評価を総合し、個人のパーソナリティの病理（健康さ）の水準（**病態水準**）を評価することも学びます。

ステップ4：潜在的な課題の探索 〔☞p.109〕

　多くの場合、ステップ1と2で収集・整理した情報から、表面に現れた問題・症状（顕在的な主訴）は把握できます。力動的アセスメントでは、その**顕在的な主訴が、どんな経緯や状況で生じ、個人にとってどのような意味を持つのか理解しよう**とします。これが潜在的な課題の探索のステップです。この探索は、個人が自分の問題・症状を課題と捉え、主体的に取り組めるようになるために欠かせません。

　潜在的な課題は、本書が想定する数回のアセスメント面接ではなかなか明らかになら

ず、一般的にはその後の継続的な心理面接の過程で徐々に明らかになっていきます。そこで本書では、まずは**潜在的な課題の仮説を立てる**ことを目的とした、**潜在的な課題を理解するための5つの探索ポイント**（顕在的な主訴の反復、家族との課題・ライフサイクル上の課題、その人特有の体験の仕方、面接者との関係性、潜在的な課題の理解度・自覚の深さ）を学びます。

　ステップ3の評価もステップ4の潜在的な課題の探索も、どちらもステップ1・2で収集・整理した情報をもとに行います。ステップ3と4は、順番に行うというより並行的に行います。この2つのステップから得られた理解を総合して、本書では**見立ての定式化**と呼びます。

ステップ5：受理判断 〔☞p.123〕

　個人が抱える問題・症状に関して、顕在的な主訴を把握し、それを抱える個人の潜在的な課題を含めて見立ての定式化ができたら、次に行うステップは、その人への**心理支援をその施設で実施することが適切かどうかの判断**です。適切と判断された場合は、具体的な心理支援の方法について考え、不適切と判断された場合は、より適切な支援方法・専門機関などを考えます。

　本書では、受理判断をするための3つの吟味事項（問題点の深刻さの程度、心理面接の見通し、介入方法）を学びます。

ステップ6：フィードバック 〔☞p.137〕

　最後のステップは、ここまでのアセスメントから理解できたことを本人に伝え、その理解について意見や考えを確認・共有し、必要な心理支援を一緒に考え、合意を形成することです。

　本書では、ステップ3で評価したその人の病態水準を考慮して、フィードバックする内容の深さを考え、伝える項目と手順（本人が意識している問題、本人があまり意識していない課題、受理判断の結果とその理由、面接目標・介入方法）を学びます。

他の専門書などで「見立て」「定式化」「ケース・フォーミュレーション」などの言葉はよく目にするのですが、「見立ての定式化」という言葉はあまり見ないような気がしました。何か違いはあるのでしょうか？

◆◆◆

本書では、「個人の問題・症状などについて集めた情報を、個人の支援に役立つ理解・仮説にまとめること」を「見立ての定式化」と呼んでいます。この言葉は、ご質問にある「定式化」や「ケース・フォーミュレーション」と同義と考えていただいてかまいません。

しかし、本書では診断補助（問題・症状の経過や状態に注目し、病気の種類や病状などを判断すること）に加えて、**見立て**にも重きを置いています。ここで言う見立てとは、土居（1992）や氏原・成田（2000）などが強調するもので、「個人の個別的な特徴を大切にして、その個人にとっての問題・症状の意味や、問題・症状が生じている背景を理解する」考え方です。そこで、本書ではあえて「**見立ての定式化**」という言葉を使っています。

力動的な心理アセスメントに必要な2つの観点
──ask的観点とlisten的観点

本書では、力動的アセスメントを実践する上で、2つの観点が必要だと考えています。

1つは、**生じている問題・症状に注目**する観点です。この観点では、問題・症状がどんな経過をたどり、現在はどんな状況・状態となっているのかを正確に捉えようとします。そこで、**客観的な事実を「訊く（ask）」**ことが重要になります。本書では、これを**ask的観点**と呼びます。ask的観点は、生じている問題・症状に注目し、病気や障害を診断基準などに基づいて特定・分類し、その解決・解消を検討する観点（疾病性の観点）を含みます。

もう1つは、**生じている問題・症状の背景にあるその個人にとっての意味に注目**する観点です。この観点では、問題・症状がどんな経緯や状況で生じ、個人がその問題・症

表1　ask的観点とlisten的観点

	ask（訊く）的観点	listen（聴く）的観点	
	疾病性の観点	事例性の観点	関係性の観点
特徴	問題・症状がどんな経過をたどり、現在どんな状況・状態になっているかの事実に注目	個人に問題・症状が生じている特有の背景や、その個人にとっての問題・症状の意味に注目	周囲との関わり合い方、その関係の体験の仕方に注目
目的	問題・症状を分類・特定し診断名をつけること、最善の治療法や解決法を検討すること	問題・症状に関する個人に特有の背景や、その個人なりの体験の仕方を理解し、望ましい援助を検討すること	
用途	診断補助など	心理面接・心理支援など	
主な情報源	問題・症状に関する客観的な事実	問題・症状についての個人の考え・想い・記憶・態度といった主観的な体験	

状をどう体験してきたのかを捉えようとします。そこで、病気や障害などの分類だけにとらわれず、個人の考え・想い・記憶・態度といった、**主観的な体験を「聴く（listen）」**ことが重要になります。本書では、これを**listen的観点**と呼びます。listen的観点には、その個人に特有の性質・事情・状況に注目する観点（事例性の観点）や、他者や周囲との相互作用のあり方・体験の仕方に注目する観点（関係性の観点）も含まれます。

　力動的アセスメント全体のプロセスでは、これら2つの観点が必要になります。多くの場合、ask的観点は特に医療場面における診断補助などで重視され、listen的観点は特に心理面接を行う場合に重要となります。ただし、listen的観点を持つことは、広く心理支援にも役立ちます。2つの観点に関するポイントを整理すると、表1のようになります。

　なお、話を聞くときには、客観的な事実を**訊く**こと（ask）と、その事実に対してその人が主観的にどう体験しているかを**聴く**こと（listen）が、同時に求められます。なぜなら、ある1つの事実に対しても、感じ方や考え方、体験の仕方は人それぞれだからです。さらに言えば、私たちは客観的な事実を認識する冷静な心と、その人特有の体験に耳を傾ける温かい心という、複眼的な心（観点）を持つことが必要とも言えます。

学習ガイド

　本書は、個人面接の事例（学習用に作成された想定事例）のワークをしながら、力動的アセスメントのプロセス（図1）を学習していけるように配置しています。以下の学習ガイドも参考にして、読者の皆さんのそれぞれの臨床経験に合わせた学習を進めてみてください。

◆力動的アセスメントを基礎から学びたい方

　本書に沿って、各ステップの講義内容を読んでワークを実施してください。講義内容が難しいと感じた場合は、ワークの解説も参照しながら講義内容を確認してみてください。

◆自分が日頃行っているアセスメントを見直したい方

　以下の手順で、本書を活用してみてください。

① 本書の講義内容を読む前に、想定事例〔☞ p.35〕を読み、日頃行っている方法でアセスメントをしてみる。
② 本書に沿って力動的アセスメントのワークを実施する。
③ ①と②のアセスメント内容を比較し、足りなかった点や自分が大事に思っている点を整理し、自分なりのアセスメントについて考える。

　なお、上記のどちらの方も、グループ学習として複数人で取り組んでみると、学習効果がより高まります。自分とは違う捉え方や、自分の捉え方の癖や偏りに気づけるためです。

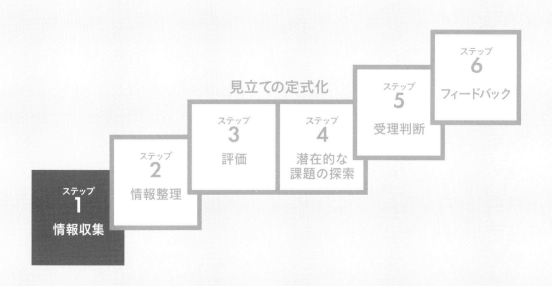

見立ての定式化

		ステップ **6** フィードバック
	ステップ **5** 受理判断	
ステップ **4** 潜在的な課題の探索		
ステップ **3** 評価		
ステップ **2** 情報整理		
ステップ **1** 情報収集		

ask的観点とlisten的観点による情報収集

〈ステップ 1 情報収集〉を学ぶにあたっては、まず「ask的観点による情報収集」から学び、次に「listen的観点による情報収集」を学びます。

　私たちは、困っている人の"心"に関わろうとすると、ついその人の苦しみなどの「主観的な体験」に目を向けやすくなります。しかし、その人を冷静かつ的確に理解するには、その苦しみがどんな場面や対人関係で生じているかの「客観的な事実」にも目を向け、その人の体験と事実を照らし合わせることが不可欠になります。

　そのため本書では、事実に関する情報を集めてから、その事実についての個人の体験に関する情報を集めます。やや面倒に感じるかもしれませんが、お伝えしたとおり、ある程度トレーニングを積めばこの2つの観点による情報収集を同時並行的に行えるようになります。

ask的観点による情報収集

1. ask的観点による聴取（収集）項目

　個人が訴える問題・症状に関する情報を集めようとしても、初学者は"そもそも何を質問し、確認したらよいのだろう？"と迷うことが多いように思います。そこで、ここではask的観点で集めるべき情報の項目から解説します。

　ask的観点による情報収集の目的は、生じている問題・症状に関する事実に注目し、病気や障害を特定して、その問題・症状の解決を検討することです。これによって、個人の主観的な訴えに面接者が振り回されず、問題・症状を的確に捉え、冷静かつ適切に対応を考えることが可能になります。

　ask的観点による事実の確認がおろそかになると、面接者の思い込みによる見立てや判断が生じ、その個人の不利益や思わぬトラブルが起こることも考えられます。例えば、医療場面では心理的訴えより優先されるべき身体疾患の見落とし、学校場面では児童相談所や子ども家庭支援センターなど行政の介入の必要性の見落としなどが起こり得ます。

ask的観点によるアセスメントの具体的な聴取（収集）項目については、病院における予診での「聴取項目」（表2）が、医療場面以外でも参考になります。

ステップ
1
情報収集

ステップ
2
情報整理

ステップ
3
評価

ステップ
4
潜在的な課題の探索

ステップ
5
受理判断

ステップ
6
フィードバック

表2　聴取項目

聴取項目	具体的な聴取内容の例
来談経路	・自発的に来院・来談したのか、他者からの勧め・紹介で来院・来談したのか
主訴・症状の経過（現病歴）	・困っていることは何か　※本人が語れない場合、同席の家族などから訊く ・いつからどの問題・症状が生じ、現時点までにどう変化し、それらにどう対応してきたか　※この流れで、次の受診歴・相談歴の項目も確認できる ・生死に関わる問題（自殺念慮や企図）の有無
受診歴・相談歴	・特に、精神科・心療内科への通院・入院歴、診断名について ・自殺念慮や企図の既往 ・服用中の薬名や、禁忌薬（特定の病気や状態などで使用できない薬） ・医療以外の相談施設の相談歴
既往歴	・身体的および精神的な病気の既往　※多い場合は重要なものを選別する 　例）内分泌疾患（甲状腺の病気など）、頭部外傷など
生育状況（生育歴）	・成人の場合は、主に学歴・職歴など ・子どもの場合は、主に生育歴・発達状況など
家族状況（家族歴）・経済状況	・原家族（生育家庭）と現家族の情報　※同居・別居、死別・離婚なども確認。両親・同胞の仕事に関する情報から経済状況を推測できることもある ・本人の結婚・離婚、挙子など ・家族的リスクとしての、遺伝負因（家族親類に精神疾患や発達障害を抱える者がいるか）や経済状況
睡眠・生活リズム	・不眠（入眠困難、中途覚醒、早朝覚醒など）や浅眠・過眠の有無、平均睡眠時間 ・1日のタイムスケジュールや、通勤・通学にかかる時間 ・女性の場合、月経の有無・間隔など　※精神状態と関連があるため、特に摂食障害では無月経も生じることがあるため聴取が重要
食欲・体重変化	・食欲の有無　※食事量の多い少ないより、量の変化や体重変化が重要 ・味覚の変化（美味しいと感じられなくなったなど）
趣味・嗜好	・喫煙（1日に吸う本数、喫煙歴など） ・飲酒（飲む頻度、酒の種類と摂取量、酩酊状態のエピソードなど） ・薬物（合法ドラッグ、脱法ハーブ、覚せい剤、有機溶剤など） ・趣味（休日の過ごし方など）

2. ask的観点による訊き方

ask的観点のアセスメントで訊くべき項目は、表2のようにある程度決まっているので、それらの客観的な事実を的確に押さえることが大切です。そこで、ask的観点によ

る情報収集においては、**面接者が聴取項目と訊く順番を決める**（面接者主体で話を進める）ことになります。このとき、聴取項目と訊く順番は大まかに決めておき、個人の語りに合わせて項目や順番を変えることもポイントです。この訊き方なら、一定の客観性を保ちつつ、面接者が気になる点は重点的に訊くことができ、より有用な情報を集められるようになるからです。

　重点的に訊く項目はケースバイケースです。例えば、本人の訴えとは別に飲酒の問題がありそうなら、飲酒状況や飲酒による生活への影響を詳しく訊くことで、本人も自覚していない課題・症状に関連した情報が得られるかもしれません。何を重点的に訊くかの判断には、基礎的な精神医学や関連する法律の知識などが役に立ちます。

listen的観点による情報収集

1. listen的観点による聴き方

　listen的観点のアセスメントでは、個人に特有の特徴（事例性）および、他者との相互作用のあり方や、その相互作用の体験の仕方（関係性）を重視します。個人の考え・想い・

表3　ask的観点による情報収集とlisten的観点による情報収集の比較

	ask的観点による情報収集	listen的観点による情報収集
何を きくか	・**客観的な事実を訊く** 症状・疾患・遺伝因子・身体的－神経学的変化など	・**客観的な事実に関する主観的な体験を聴く** その人なりの考え・想い・記憶・態度など
どう きくか	・**事実を的確に押さえること**を目指し、冷静に訊く	・**個人の体験をより具体的に理解すること**を目指し、共感的に聴く（事実の情報が不足していたらask的観点で改めて確認）
きき方 の例	・**面接者が知りたい情報**を訊ねて本人に語ってもらう 例）「〇〇はどうですか？」など	・**個人が話したいこと**を自由に語ってもらう 例）「今日はどういったことで？」など
きき方 の特徴	・**面接者主体** 面接の流れや得たい情報は、面接者が管理する訊き方 ・予診票の項目に沿って順番に訊いていく ・侵襲的（内面に踏み込むきき方）になりにくいが、個人の体験を把握しにくい	・**個人主体** 面接の流れや得られる情報は、個人によって変わっていく聴き方 ・決まった枠組みで順番に聴くことはしない ・侵襲的になりやすいが、個人の体験をより深く把握しやすい

記憶・態度といった主観的で特有の体験を理解するために、個人の自由な語りを尊重し、語りの流れに沿って話を膨らませながら聴いていきます。

そのため、決められた項目を順番に聴いていくことはありません。例えば、生育歴を「出生時→乳児期→幼児期→児童期…」、家族状況を「父→母→子…」など常に同じ順番で聴いたりすることはしません。面接者は、自身の価値観や合理的・社会的な判断に固執せず、共感的に耳を傾けることが重要になります。

そして、個人の自由な語りに共感的に耳を傾けつつも、語られた内容をそのままの事実として鵜呑みにしないよう、ask的観点とlisten的観点による情報収集のそれぞれの特徴を区別しながら聴いていきます（表3）。そうすると、事例性や関係性が理解しやすくなるのです。

2. listen的観点による聴取項目ごとの聴き方

listen的観点による聴取項目は、ask的観点の聴取項目と多くが重なります。そのため病院などでは、予診で客観的な情報が収集されている個人に改めて心理面接導入検討のために会う場合、すでに得られている情報にlisten的観点を加えて、さらに詳しく聴いていきます。つまり客観的な事実を個人がどう体験したか、個人にとってどのような意味があるのかを聴いていきます。

一方、予診による情報がなく、初めて情報収集する場合は、askとlistenの両方の観点から情報を集めていきます。個人の語りの流れに沿いつつ客観的な事実を訊いたら、その事実を個人がどう体験したか、個人にとってどのような意味があるかを聴いていきます。

以下、表2の聴取項目に沿って、ask的観点の情報収集と対比させながらlisten的観点で「何をどう聴くか」を説明します。

（1）来談経路

ask的観点では、自発的な来談か、他者の勧め・紹介での来談か、という来談経路を確認します。一方、listen的観点では来談経路を確認しながら、個人の**来談動機**にも注目します。具体的には、来談経路を訊きつつ、今回の来談が「自ら希望しての主体的な来談」で動機づけが高いと推測されるのか、「他者に勧められたり連れて来られたりなどの受身的・否定的な来談」で動機づけが低いと推測されるのかを確認します。

来談動機が高そうな場合、動機づけの内容を確認していきます。具体的には**なぜ、今、この時期に来談したのか**と聴くと、個人の動機づけの内容を把握しやすくなります。

同様に**なぜこの相談施設を選んだのか**に注目し、来談前から相談施設に抱いている期

ステップ
1
情報収集

ステップ
2
情報整理

ステップ
3
評価

ステップ
4
潜在的な課題の探索

ステップ
5
受理判断

ステップ
6
フィードバック

待や思惑 (これを「pre-formed transference；あらかじめ形づくられた転移」といいます) を検討します。この検討から、その個人の対人関係の取り方の特徴を理解したり、心理面接関係の展開を予測したりできます。

【補足】動機づけが低いと推測される場合

　動機づけが低そうな場合、明確な訴えがない、相談に否定的、他者の勧めで来談したなどの状況が推測されます。そこで、まず「なぜ来談したのか」「来談したこと自体をどう感じているのか」などから話題にし、動機づけが低いのに来談した経緯や意図、心境などを聴きます。

　この話題に十分な時間 (1回の面接のほとんどの時間を費やすこともあり得ます) をかけて話し合うことで、相談を申し込んだ関係者の動機づけや、その個人の置かれた立場、その立場の体験の仕方など、個人を取り巻く状況を整理しやすくなります。

---

(2) 主訴・症状の経過 (現病歴)／既往歴

　ask的観点でこの項目を確認する大きな目的は、問題・症状を見極め、特定・分類することにあります。

　対照的に、この項目をlisten的観点で注目する目的は、その個人特有の主訴の背景を理解することです。そこでは次のようなことに注目します。「問題・症状に個人がどう取り組んだか (対処能力)」「どれくらい・どのように困っているのか (生活や健康への影響、深刻さの程度、生死に関わる影響の有無)」「発生時の状況や人間関係はどのようなものであったのか、過去に似たような問題・症状を繰り返しているのか (既往歴)」「同じテーマの繰り返しがあるか、どれくらいあるか (反復)」などです。これらに注目することで、その問題・症状が持つ個人にとっての意味 (潜在的な課題) を理解します。

　また、そもそも**誰の主訴か**を確認することも必要です。特に、他者に強く勧められてやむなく来談したような動機づけの低い人の場合、本人の困り事ではなく、「来談を勧めた人・連れて来た人の困り事」≒「主訴」となっていることがあるためです。

(3) 受診歴・相談歴

　ask的観点では、この項目で「いつ頃、どんな機関に相談に行き、どんな相談をし、その結果どうなったか」の事実を訊きます。一方、listen的観点では、この情報に加え、

家族、友人、学校・職場などの社会資源を、どれくらい利用できているか、それを利用することをどのように体験しているのかも聴きます。

　また、相談の終わり方にも注目します。問題解決などによる円満な相談関係の終了か、自己判断による中断か、面接者側の都合による中断か、さらにその終わり方を本人がどう体験しているかまで把握すれば、**心理面接関係の予測**（継続しそうか、中断しそうか）にもつながります。

(4) 生育状況 (生育歴) ／睡眠・生活リズム／食欲・体重変化／趣味・嗜好

　客観的な事実を重視するask的観点では、例えば生育状況（生育歴）をカルテに記載する場合、子どもなら「生後〇か月首のすわり、〇か月歩行開始」程度が記載され、特記すべき病気や障害に関する情報が認められない場合は「幼少期に特に問題なし」と記載すれば十分になります。

　一方、listen的観点では「幼少期に特に問題なし」ということはあり得ません。例えば、赤ちゃんでも、赤ちゃんごとに特有の衝動や欲求が起こり、赤ちゃんごとに個別の環境から働きかけを受けます。それらに対して、その赤ちゃんなりのやり方で様々に知覚・体験し、個別の関係性を積み重ねていくからです。

　成人も同様で、学歴・職歴の客観的な情報に加えて、そこでの対人関係・友人関係、さらにパートナーとの関係のあり方や、所属する組織への適応状況を聴くことが、その人らしさを理解することに役立ちます。

　その他の睡眠・生活リズム、食欲・体重変化、趣味・嗜好に関しても、その人なりの体験の仕方を聴いていきます。特に生育歴の中で、第二次性徴に伴う身体的変化、月経、精通などを個人がどう体験したかを聴くことはlisten的観点のアセスメントにおいて重要です。

(5) 家族状況 (家族歴)・経済状況

　ask的観点では、この項目で家族構成や家族的リスク（遺伝負因、経済状況）、家族の職業などの「客観的な家族歴」に関する情報に注目します。

　一方、listen的観点では、「主観的な体験としての家族歴（個人の抱く家族像）」に関する情報に注目します。例えば、父親に関する「40代、会社員」などの情報は客観的な事実です（ask的観点）が、個人が語る「どのような父親か（父親像）」の情報は、その個人によっていくらか脚色された父親像であり、父親そのものではないという特徴があります（listen的観点）。ここから、その人が父親をどう体験してきているのか理解できるのです。

　listen的観点では、私たちの現在の感情、思考、信念、欲求、価値観や判断の基準、

ステップ
1
情報収集

ステップ
2
情報整理

ステップ
3
評価

ステップ
4
潜在的な課題の探索

ステップ
5
受理判断

ステップ
6
フィードバック

31

対人関係の取り方などの基礎は、乳幼児期から連綿と続く家族との関わりの体験の積み重ねに大きな影響を受けていると考えます。このことは問題・症状についても当てはまります。そのため、主観的な体験としての家族像をたどることで、個人の問題・症状がどのように形成されたのか、問題・症状が個人にとってどのような意味があるのかを理解する手助けになると考えられるのです。

　なお、先ほどの生育状況（生育歴）の項目と、この家族状況（家族歴）の項目は便宜的に分けられていますが、実際は分けがたい項目です。

　経済状況もまた生育状況（生育歴）と家族状況（家族歴）に密接に関係しています。例えば、本人の学歴や職業といった生育状況に関する情報や、両親・同胞の職業など家族状況に関する情報を総合すると、その個人の家庭が裕福なのか、平均的か、生活困窮状態にあるのか、といったことが推測できることがあります。listen的観点では、本人がその経済状況をどう体験しているのか、あるいは過去にどう体験してきたかにも注目します。

　繰り返しになりますが、これらのlisten的観点は、個人を理解するために重要になりますし、問題・症状が形成されてきた過程、問題・症状の背景にある個別的な意味の理解に役立ちます。

観察による情報収集

　力動的アセスメントにおいては、語りをきく（訊く・聴く）ことで得られる**語る内容**によって、多くの情報を収集していきます。しかし、それと同時に、**語る態度**を観察することによって、情報を得ることも非常に重要です。なぜなら、**語る内容**が意識的・意図的であるのに対して、**語る態度**は無意識的なことが多く、個性や個別的特徴がより表れやすいためです。つまり、その人特有の体験の仕方を検討し理解するlisten的観点からのアセスメントに、観察は欠かせません。なお、ここでは観察といっても"見る"という視覚だけではなく、他の感覚も使って情報を収集していくことを意味しています。

　表4は、何を観察するかについて、外見、立ち居振る舞い、語り方・応答の3項目から整理したものです。どのように注目するとよいかの具体例と、そこから読み取れることや推測されることも整理しています。これらは、継続面接においても大切な視点ですので、日頃から意識しておくとよいでしょう。

表4　観察項目とそこから読み取れること

観察項目	具体例	そこから読み取れること
外見	・身体的特徴（体格、姿勢 など）	・個人の生活状況（運動や食事 など）
	・身だしなみのあり方（服装・小物、髪型・髪の色、化粧、清潔さ など） ・身だしなみの適合性（年齢・季節・その場の状況 など）	・趣味、嗜好、自己主張の表れ ・気分、精神状態 など
	・生理的反応（筋緊張、震え、顔色、発汗、涙 など）	・身体的、心理的リスクや重症度 ・不安や緊張の度合い など
立ち居振る舞い	・対人距離 ・体の向き、手や体の動き ・視線、表情	・対人関係やコミュニケーションのあり方 ・不安、緊張の度合い など
語り方・応答	・声のトーン（大きさやスピード、イントネーション、音調変化 など） ・客観的な視点を交えた語り方 ・質問に対する応答の適切さ、疎通性、敬語の使用、うなずき・あいづち ・面接者に対する態度（友好的、協力的、正直、用心深い、回避的、防衛的、軽蔑的、敵意、放心状態、機嫌を取る など）	・対人関係やコミュニケーションのあり方 ・ある言葉や内容に対する思い入れ ・物事の捉え方（主観的／客観的）など

ステップ 1 情報収集
ステップ 2 情報整理
ステップ 3 評価
ステップ 4 潜在的な課題の探索
ステップ 5 受理判断
ステップ 6 フィードバック

よくある質問

ここまでの講義でask的観点とlisten的観点が力動的アセスメントに重要とわかりました。2つの観点の情報を合わせると、1回の面接で膨大な情報を集める必要があると改めて感じました。ですが、この集めた情報を次にどうやって面接記録として残せばいいのかよくわかりません。普段は、話した内容をなるべくありのまま面接記録に書くように心がけているのですが、観察したこと、例えば語り方や立ち居振る舞いは、私自身の主観的な捉え方になってしまう気がしてあまり記録していません。どのように面接記録を書いたらよいのでしょうか。

◆◆◆

　大学院生や初学者の方にスーパーヴィジョンをするときに、来談者が語る内容と語る態度（「内容」と対比させて、「態度」を「形式」と呼びます）の両方を面接記録に残すように指導しています。また、そのときに面接者自身が何を考

33

え、何を感じたのかもありのままに書くように伝えています。そうすることで、ask的観点とlisten的観点が同時に理解できる面接記録になっていきます。次のページから始まる本書の想定事例の書き方は、初学者にとって1つの参考になるでしょう。さらに力動的な面接記録の書き方を詳しく知りたい方には、以下の文献をお勧めします。

加藤佑昌（2013）はじめての学会発表までの道のり――初心事例のケース記録を学会原稿に練り上げることによる学び　乾吉佑（編）心理臨床家の成長　金剛出版　pp.34-56.

想定事例

それでは、次に想定事例を示します。この事例を用いて、〈ステップ2 情報整理〉〈ステップ3 評価〉〈ステップ4 潜在的な課題の探索〉〈ステップ5 受理判断〉のワークを行います。

初回面接の記録については、左欄には面接の流れを、右欄には〈ステップ1 情報収集〉で学んだ点を中心とした解説を記しています。面接の流れのみを読みたい方は、左欄を読み進めてください。面接の進め方に関する解説を知りたい方は、左右の欄を交互に読み進めてください。

◇相談申込書の記載

氏名 (仮名)：玉瀬 美奈 (たませ みな) さん

年齢：25歳

性別：女性

職業：会社員

相談施設の周知経路：ホームページ

カウンセリング歴：あり (大学時代に大学の学生相談室)

相談内容：仕事上のストレス

家族構成：父56歳 (会社員)、母54歳 (薬剤師)、妹23歳 (大学生)

予約日時：X年5月30日　10：00〜11：30

◇相談施設についての情報

相談施設：私設心理相談室

料金：初回は90分9,000円　2回目以降は45分6,000円

面接者：30代の女性臨床心理士 (電話や受付は事務員が担当)

初回面接の記録

面接の流れ	解説
1.面接の導入段階 予約より10分遅れで到着。受付担当の申込書記入の求めに対し「はい、すみません」と応じる声が聞こえてくる。	来談時間や面接開始前の受付での様子にも注目しています。
記入が終わったとの連絡を受けて迎えに出た面接者の姿を確認すると、すぐにイスから立ち上がる。ストレートの髪は少し茶色く、肩くらいまでの長さ。身長は高めですらりと細い。ブラウスにスカート、ナチュラルメイクと年齢相応の外見で、ブランド物のバッグが目立っている。	最初の出会いの際の立ち居振る舞い・外見に注目しながら観察しています。
〈玉瀬さんですか。はじめまして。本日、担当いたします臨床心理士の川崎です〉と声をかけると、少し高めの声で早口に「遅れてすみません。玉瀬です。よろしくお願いします」と会釈する。	待合室は簡単な挨拶と自己紹介に留めています。
面接室に入室すると、玉瀬さんが長ソファの前で指示を待っているので〈どうぞおかけください〉と伝えると「すみません。失礼します」と、面接者に最も距離が近い位置に背筋を伸ばして座り、膝の上にバッグを置いてハンカチを取り出し手にする。緊張というよりは、きちんとしようという姿勢がうかがえ、受け答えはハキハキとしているが、やや硬い印象も受ける。	面接室内での立ち居振る舞いに注目しつつ、面接者とどのくらい距離を取るか注目しています。
改めて自己紹介し、フルネームを確認してから、〈今日は少し暑いので、お部屋の温度が暑かったり寒かったりしたら、遠慮なくおっしゃってください〉と言うと、こちらをしっかりと見て「はい。大丈夫です」と返事をする。	間違いがないようフルネームを確認しています。 会話の導入に部屋の温度などを話題にすることで、緊張をほぐすことを期待しています。
面接者から終了時刻と料金について確認し、〈1時間ほどお話を伺った後で、今後について、カウンセリングを継続するのか、するならばどのようなことを目標に、どんなふうにやっていくのかをご相談できればと思います。場合によっては、そのための時間を数回とることになるかもしれませんし、心理検査をお勧めすることもあります。それからここでお話ししたことの秘密は守りますので、どうぞ安心してお話しください〉と場面構成をすると、面接者に視線を合わせつつ「はい」と1つひとつ返事をしていく。〈なにか今の段階で、ご質問はありますか？〉と聴くと、「いえ、11:30までなんですね。大丈夫です」とやや含みのある様子で答える。	はじめに、面接時間の確認、初回面接で行うこと、守秘義務のことなどを伝えています。 面接者は場面構成〔☞p.11〕の説明をしながらも、それに対してどのように反応するかに注目しています。
〈申込書には「仕事上のストレス」と書かれていますが、相談した	まずは申込書に書いてある「相

36

面接の流れ	解説
いこと、今回申し込まれた経緯などについて、詳しく聴かせていただけますか〉と伝えると、面接者の方に体を向け、目を見ながら、急にすらすらと勢い込んだように話し始める。「あの、ストレスというか、今の仕事を続けていくか迷っていて…やる気が出ないというか、最近は遅刻や欠勤が増えていて、これからの不安もあって、カウンセリングを受けたほうがいいかなと思って」。	談内容」から質問しています。そして語る内容と同時に、その態度（形式）にも注目しています。
自主的な来談であるとひとまず判断し、まず、仕事に対してやる気が出ないと感じたきっかけや心当たりに焦点を当てて問うと、「特に思いつかないです」と言ったまま、笑顔で面接者の次の質問を待っている。	面接への動機づけの程度や自発的にどの程度主訴を語ることができるかに注目しています。

2.面接調査段階

そこで、やる気が出ないことについて詳しく話してもらえるよう促すと、「今の仕事は自分が希望してるものではないんですよね…。なんか誰がやってもできる仕事というか、自分の得意なことを活かせないというか…。入社直後はやりがいもあったんです。ただ、ものすごく忙しい部署で、めまいとか吐き気で、休職したんです」。	本人からの話が一段落したため、面接調査段階に移行しています。
身体症状と休職の既往が判明したため、念のため当時の身体的な問題の有無を尋ねると「内科で診てもらったけれど、特に問題はなくて、忙しすぎて体がついていかなくなってしまったので、少し休養をとったほうがいいと言われました。これから頑張ろうというときだったんですけど、体がついていかなかったので仕方なく…。復職して、比較的体への負担が少ない営業補佐の事務職に異動となったんです。自分の体力がないせいなんですけどね」。	身体症状が語られているので、ask的観点とlisten的観点を意識しつつ可能な範囲で情報収集をしています〔☞表I (p.23)〕。
事実関係がわかりにくいので確認すると、入社直後は貿易関係の部署で忙しかった、めまいや吐き気は入社2年目の途中から生じ、体調不良のため休みが多くなり入社2年たったところで3か月間休職、復職後すぐ営業補佐の事務部門に異動となり来談時までに約1年半が経過しているとのこと。	
入社2年目で休職となっているが、そのときではなく、今回カウンセリングを受けようと思った動機について改めて尋ねると、「前回の休職は単なる体調不良でしたけど、今回は、やる気が出ないというのが…どうしたらいいかアドバイスもらえればと。昔、カウンセリング受けたこともあったんです」〈…といいますと？〉「特に抵抗感とかもないし、また受けたほうがいいかなと	なぜ、今この時期に来談したのか、なぜこの相談施設を選んだのかについて聴いています。

面接の流れ	解説
思って」と話す。この相談施設を選んだ理由を尋ねると「家と職場の中間くらいにあるのと、ホームページで見て雰囲気がよさそうだったので…」とのこと。	
話の流れを相談歴に戻し、〈申込書には、以前に大学内の相談室に行ったともお書きいただいていますが、どんなご相談だったのでしょう？〉と返すと「はい。大学の中にある相談室で…」と言って、言葉を続ける。「大学では、フランス文学専攻で、中学校に遊びに行ったときに、昔の担任の先生に勧められて読んだ本が、フランス文学に興味を持つきっかけだったんです。で、フランス語を活かした職業に就くために留学を考えてて、テストでいい点を取ろうと頑張ってたんですけど、試験当日に体調を崩して受験できなかったんです。でも、追試日の連絡とか全然なくて、今の大学って学生に対する態度が良くないんですよね。学生をばかにしてるじゃないですか。留学もダメだろうと思って、審査を受けるのもばかばかしくなってやめたんです。もう1つランクの高い大学を受ければよかったと思いました。もともとは別の大学に行きたくて、そこはフランス語の教科とか充実してて、交換留学生の数とかも多いし。成績は問題なかったんですけど、学費がちょっと高くて、妹が私立の中学・高校に通ってたし、私は高校まで公立でしたけど、妹は薬科大学を目指したいと言ってたのもあって、お金がかかりますよねー。長女の私が親に負担をかけるわけにいかないじゃないですか。だから、ランクを落として学費の安いところに推薦で入ったんです。もちろん国公立のほうがよかったけど、浪人はできないので…」。面接開始時よりもくだけた雰囲気で、面接者が言葉をはさむ間もなく話し、「〜ですよね」「〜じゃないですか」など同意を求めるような口調が増えてくる。	話の流れで出てきた相談歴について、過去の面接をどう体験したかlisten的観点から聴いています。 過去のことや家族に関することを自発的に語るようになってきたので、言い回しの変化や面接者に対する態度の変化にも注目しながら面接者は傾聴しています。
話が逸れたが、ひとまずここは、流れに沿って聴いていくことにし、試験と留学の関係がわかりにくかったので確認する。玉瀬さんは大学から補助が出る留学制度にエントリーしており、審査のために良い成績をとる必要があったが、単位を落としてしまったということのよう。	話が逸れた点に注目しています。話がわかりにくい語りの場合は、ask的観点から事実関係の確認もしていますが、なるべく話の流れに沿うようにしています。
大学内でカウンセラーにどんな相談をしていたのかという話になかなかならないので水を向けると、「カウンセラーさんには、そのときの経緯とか、大学への不満とか聞いてもらって、でも今さら別の大学にっていうわけにもいかないですよね。そもそも留学も就職に活かしたいと思ったからだったし、別の方法で就職に向けて考えてみたらというアドバイスをもらいました」と答える。	

面接の流れ	解説
〈そのときも自分から相談に？〉「留学希望を出しているのに、審査を欠席したので連絡があって、経緯をお話ししたら相談できる場所があるから行ってみたらって」〈カウンセリングは継続して？〉「うーん…2、3回？　ストレスが重なったときとかに…。そんな感じ」〈ストレスが重なった？〉「内定がなかなか決まらなくて、外資系の企業を希望していたけど、別の業種とかに広げたほうがいいかとか迷ったり…。あと、ゼミの院生の先輩に告白されて、いろいろ面倒みてくれていたのでおつきあいしてみたんだけど、相談にのってほしいときは時間がないっていうくせに、彼女としてああしてくれこうしてくれとか。それが負担で、結局、別れちゃいましたけど」。	過去の相談については、動機づけや相談へ取り組む姿勢などを確認しています。
恋愛の話が出たので、〈大学でのゼミの先輩との関係がストレスだったとのことですが、これまでのパートナーとの関係はどうでしたか？〉と聞くと、「おつきあいしたのは、そのときが初めてで。その後は、上司から一時期、恋愛感情みたいな感じを持たれていたことがありましたけど…。業績を取られて、人としてサイテーだなと思って、そういう気持ちは一切なくなりましたけどね。はじめからそのつもりで親切にしてきたんですよね」。	大学や職場など、所属組織内でどのような対人関係を持ってきたかに注目しています。
ここで、急に上司の話が出てきたので、その経緯を問うと「異動になったときに、上司にすごく気に入られて、仕事のやり方とかも順調に覚えて、評価されてたんです。自分が希望した仕事ではなかったけど、それはそれでやりがいがあるかなとか思ったりもしてました…。でも、新人の子を担当するようになって、まだ自信がないのに、自分で考えろとか…。まあ、それは仕方がないことでしょうけど、今まで組んでやっていた仕事が全部主任の業績になってたんですよ。ひどいですよね」と笑い、暑そうに持っているハンカチであおぐ。	
事実関係がわかりにくいので確認していくと、上司と主任は同一人物で、年度が変わりその上司が新人と組むことになり、自分はサポートしてもらえなくなったということのよう。促さなくても次々と言葉が出てくるが、上司のエピソードは、他人事のような調子で語り、ショックや怒りは感じにくい。	語る内容と語っているときの感情状態の一致度やズレにも注目しています。
過去にも不適応エピソードがありそうなので、〈大学以前でうまくいかなかったことなどはありましたか？〉と焦点づけると、「それ以前は特に…」と考え、「高校の部活を、半年くらいでやめたことくらいかな…。で体重が増えちゃって、ダイエットを始めて、減ったんだけど、貧血と、生理も止まっちゃって」〈誰かに相談？〉「大学の推薦が決まったら、体重も体調も戻って、特に相談とかは」と、特に問題だったとは思っていない様子で話す。〈生	適宜ask的観点から過去の症状や問題行動の歴史とその経過を確認しています。

39

面接の流れ	解説
理の話が出ましたが、初潮はいつ頃で、もともとの周期はどうでしたか？〉と確認すると、「あ、そういうことも聞くんですねー。小6のときからで、最初の1年は定まってなかったけど、あとは定期的に」とフランクに答える。	
部活をやめたことに話を戻すと、「中学と比べると高校は雰囲気が合わないというか…。なじめないっていうか…。けっこう勉強ができて活発な人が多くて、その時その時で仲良くした子はいたけど、あんまり気の合う人もいませんでしたね。先生も放任だし」。	語りやすい雰囲気を維持しつつ、話の流れに沿いながら広く浅く情報収集をしています。
〈中学時代はどうでしたか？〉「部活の友達とは今も連絡をとりあったりしてて、一番充実してました。中学もバドミントン部で、部長とかやったりしたんですけど、成績もそこそこ良かったし。高校と比べて、中学は優しくていい先生が多かったなー」〈小学校時代は？〉「そんなに目立つタイプではないけど、クラス委員とかを任されることが多かったです」〈友人関係は？〉「おとなしめの子と仲がいいというか、面倒をみてあげてて、長女だからですかね」。幼少期について、どんな子だったかや印象に残っている記憶について聞くと、「親からも先生からも"いい子"って思われてたと思います。食が細かったけど、それ以外には手のかからない子だったみたいです。両親は共働きで、保育園に預けられていて、祖父母がわりと近くに住んでいたので、そこにはよく遊びに行ってました。あんまり覚えてないけど、自分は祖母のお気に入りで、おやつをいっぱい出してくれたので、家に帰ってご飯があんまり食べられなくて、よく母に怒られて…」。	ここでは学校時代を振り返ってもらいつつ過去の対人関係にも注目しています。
〈ご家族のお話が出ましたが、詳しく聞かせてもらえますか？〉と尋ねると、「父は、普通のサラリーマンです。仕事でほとんど家にいませんでした…。昔はよく一緒に遊んでくれてたけど、大学に入ったらしつけにうるさくなった。門限10時とか。守り通しました」「母は薬剤師でずぅ〜っと働いてます。忙しいのに家のことも頑張っていて、すっごい人です。私たちには、自分のやりたいことをやればいいと言ってくれてます。妹は薬科大学の6年生で、母の知り合いのところに就職が決まりました。昔から要領がいいタイプですね。妹はすっごくかわいくて、顔は大好きなんです。そんなところかな…」と語る。	ここでも流れに沿って家族構成と家族関係について尋ねています。

その過程で、家族関係やライフサイクル上の課題を探っています。 |
| 〈近くにいる祖父母というのは？〉「父方の祖父母です。母方は遠方なのであんまり交流はないです」〈ご両親の関係は？〉「別に普通というか…仲は悪くはないですね」。今回の件を家族には相談したのか尋ねると、心配をかけたくないので、体調不良とだけ話しており、ここに来ることも話していないとのこと。家族以外で | 社会資源やその利用について注目しています。 |

面接の流れ	解説
相談する人がいるかについては、「友人はみんな忙しそうなので…」とだけ答える。	
話の流れに沿って、生育歴や家族についてある程度聞き取れたので、〈現在のことに話を戻しますが、最近の生活状況、例えば睡眠や食事などについてはどんな様子ですか？〉と尋ねると、「睡眠は寝起きがキツいというのはありますけど、眠れています。一時期、寝付きが悪くなったことはあったかな…。食欲は、普段は普通ですけど、たまにたくさん食べちゃって、そのあと吐くこともあります」と答えた。面接後半になって、さらりと食べ吐き症状のことが語られたので、本人にとって問題意識があまりないように感じられ、〈食べて吐いてしまうことがあるんですか？〉と確認すると、「はい。最近、なんか、たくさん食べちゃうんです。でも、食べた後にすっきりしたくて吐いたりしてます。太らなくてすむし」と、あっけらかんとした様子で答える。開始時期と頻度については「ちょっと前かな。でも、いつもってわけじゃないので」とはっきりは言及せず。〈以前もそういうことあった？〉「うーん、ダイエットを始めてからだから高3？　自然となくなったけど、大学でまたやるようになって…」。	面接調査段階の後半は、現在に焦点を当てています。 最後になって症状や問題行動が話題になったので、手短かに経過、深刻さの程度、生活や健康への影響を訊いています（ask的観点）。 同時にここでもその症状をどのように体験しているか、主観的な体験にも注目しています（listen的観点）。
〈きっかけや、なりやすい状況は何かありますか？〉「あんまり…思い浮かばないです。ストレスかなとは…」と笑顔で話す。ストレスについて聞くと、「うーん…忙しいとか？」と曖昧な返答。〈食べ吐きすることで生活への支障は？〉「いや、特に…。動くことが面倒になったりはするけど、次の日。でも、家事は父と妹が全然やらないので、母の負担が少なくなるようにできる範囲で手伝ってます」〈今日、到着が遅れたのも、そういったことが…？〉には「いえ、今日は別にそういうわけでは…」と歯切れが悪い感じに。少し待つが「はい」と自ら区切りをつけ、それ以上は語られなかった。〈ご家族は食べ吐きのことはご存じ？〉には「いいえ、話していないし、気づいてないと思います」と話す。	
3.面接の終了段階 残り時間が10分ほどになったので、この面接のまとめに入る。〈今日、玉瀬さんは仕事のストレス、やる気が出ないというご相談でいらして、ここまでいろいろとお話ししていただいてきました。そろそろお時間ですので、今後についてお話しできればと思いますが〉と告げると、「はい。ありがとうございました。話せてホッとしました。先生とお話しできてよかったです」と、丁寧にお礼を言う。先生とお話しできてよかった、という言い方はどこかとってつけたように感じられたが、時間になったので、現時点での見立てと見通しをフィードバックすることに。	初回面接で理解したことを伝える時間として10分ほど残しています。 まとめに入ることを伝えた際の態度にも注目しています。

面接者は、この時点での見立てと見通しをフィードバックしようとしています。それは、玉瀬さんの語りを傾聴しながら、同時に情報を頭の中で整理し、見立てを検討しているからです。もちろん初学者の場合など、初回面接とフィードバック面接の日時を分けて、その間に見立てと見通しを検討することがあってもいいでしょう。

　本書では、そのプロセスをステップに分けて1つずつ学習していきます。まずは、収集した情報を整理してみましょう。

ステップ 2
情報整理

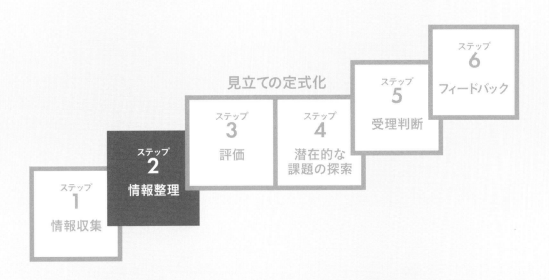

見立ての定式化

| ステップ 1 情報収集 | ステップ 2 情報整理 | ステップ 3 評価 | ステップ 4 潜在的な課題の探索 | ステップ 5 受理判断 | ステップ 6 フィードバック |

情報整理とは

〈ステップ1 情報収集〉ではask的観点とlisten的観点から面接で「何をどうきくのか、なぜそれをきくのか」「何をどう観察するか、なぜそれを観察するのか」を学びました。ステップ2では、情報整理の方法を学びます。

　初学者の場合、たくさんの情報を整理しきれず、また脇に置くこともできず、それぞれがバラバラなままに留まり、結果として臨床場面に役立てにくくなってしまうことがあります。

表5　情報整理の4つの枠組みと注目ポイント

4つの枠組み	注目ポイント	主に参照するステップ1で収集した情報
1. 動機づけ	(1) 動機づけの高さ	【来談経路】【受診歴・相談歴】
	(2) なぜ、今この時期に来談したのか	【来談経路】
	(3) なぜ、この相談施設を選んだのか	【来談経路】【受診歴・相談歴】
2. 顕在的な 主訴	(1) 困っている問題・症状とその経過	【主訴・症状の経過（現病歴）】
	(2) どのように困っているか（生活や健康への影響、深刻さの程度）	【睡眠・生活リズム】【食欲・体重変化】【趣味・嗜好】
	(3) 発生時の状況や人間関係	【生育状況（生育歴）】【家族状況（家族歴）】所属する組織への適応状況の情報
	(4) 問題・症状の反復と対処	【受診歴・相談歴】
3. 家族と 生い立ち	(1) 家族構成と家族関係	【家族状況（家族歴）・経済状況】
	(2) 家族的リスク（遺伝負因、経済状況）	【家族状況（家族歴）・経済状況】
	(3) 生い立ち	【生育状況（生育歴）】
4. 面接中の 語り方	(1)「客観的な事実」と「主観的な体験」との照合	ask的観点とlisten的観点で収集した情報
	(2)「語る内容」と「語る態度（形式）」との照合	【立ち居振る舞い】【語り方・応答】
	(3) 語り方の特徴	【語り方・応答】

※【　】は表2の聴取項目と表4の観察項目を表します。

そこで、〈ステップ2 情報整理〉では、集めた情報を個人の支援に役立てやすく整理するため、1.動機づけ、2.顕在的な主訴、3.家族と生い立ち、4.面接中の語り方といった4つの枠組みを紹介します（表5）。

　情報整理の枠組みが身につくと情報が有機的につながり、次の〈ステップ3 評価〉や〈ステップ4 潜在的な課題の探索〉にも役立ちます。また、この枠組みは〈ステップ1 情報収集〉の「何をどうきくか」「何をどう観察するか」の指標にもなります。

ワークの進め方

　ここからワークが始まります。

・各ステップのワークでは、それぞれの講義内容をまず読んでください。

・次に、各ステップで指定される情報を参照し、本文中または巻末付録のワークシートに記入してみてください。

・ワークシートへの記入が終わったら、解説・記入例を読んでください。なお、記入例はあくまでも仮説で、正解や解答例ではないことに気をつけてください。もし自分の記載が記入例と違っていても、記入例のような見方もあるのだなと考えてください。

・グループ学習をされている方は、ワークシートの記入が終わったら、それぞれが記入した内容についてグループで話し合ってみましょう。各ステップの理解がより深まります。

ステップ
1
情報収集

ステップ
2
情報整理

ステップ
3
評価

ステップ
4
潜在的な課題の探索

ステップ
5
受理判断

ステップ
6
フィードバック

情報整理の4つの枠組み

　それでは想定事例について、本文中または巻末付録の**情報整理ワークシート**を使い、情報整理の4つの枠組みを1つずつ学んでいきましょう。**想定事例から、それぞれの情報整理の枠組みに該当する情報を探し、ワークシートに記入してください。**迷うときやわからないときは、〈ステップ1 情報収集〉も参照してみてください。

1. 動機づけ

(1) 動機づけの高さ

　来談に対する本人の動機づけの高さは、自主的な来談か、他者に勧められて来談したのか、といった情報を参照します。他者に勧められて来談しており、しかも本人の動機づけが低い場合は、心理面接の導入に対して本人以外の誰の動機づけが高いのかという観点から情報を整理します。

　なお、この整理には〈ステップ1 情報収集〉の【来談経路】〔☞p.29〕や【受診歴・相談歴】〔☞p.30〕の情報が参考になります。

(2) なぜ、今この時期に来談したのか

　「なぜ、今このタイミングで、個人が語る主訴が問題になって来談したのか」という点から、個人が語った情報や【来談経路】の情報を整理します。

(3) なぜ、この相談施設を選んだのか

　「なぜ、この相談施設を選んだのか」という点から、【来談経路】や【受診歴・相談歴】に関する情報を整理します。

　それでは動機づけのワークを始めましょう。

1. 動機づけ

想定事例をよく読んで、動機づけの高さを選び、以下の空欄に記入してみましょう。記入が終わったら、次の解説・記入例へと進んでください。

◆情報整理ワークシート

1. 動機づけ	(1) 動機づけの高さ [高い ・ 低い] 　低い場合 → 誰の主訴か (　　　　　　　　　　　　　　) (2) なぜ、今この時期に来談したのか (3) なぜ、この相談施設を選んだのか

◆解説

玉瀬さんの初回面接では、下記の箇所に、動機づけに関する記述がみられます。

〔☞p.36〕〈申込書には「仕事上のストレス」と書かれていますが、相談したいこと、今回申し込まれた経緯などについて、詳しく聴かせていただけますか〉と伝えると、**面接者の方に体を向け、目を見ながら、急にすらすらと勢い込んだように話し始める。**「あの、ストレスというか、今の仕事を続けていくか迷っていて…やる気が出ないというか、最近は遅刻や欠勤が増えていて、**これからの不安もあって、カウンセリングを受けたほうがいいかなと思って」。**
自主的な来談であるとひとまず判断し…

ステップ 1 情報収集

ステップ 2 情報整理

ステップ 3 評価

ステップ 4 潜在的な課題の探索

ステップ 5 受理判断

ステップ 6 フィードバック

〔☞p.37〕入社2年目で休職となっているが、そのときではなく、今回カウンセリングを受けようと思った動機について改めて尋ねると、「前回の休職は単なる体調不良でしたけど、今回は、やる気が出ないというのが…**どうしたらいいかアドバイスもらえればと。昔、カウンセリング受けたこともあったんです**」〈…といいますと？〉「**特に抵抗感とかもないし、また受けたほうがいいかなと思って**」と話す。この相談施設を選んだ理由を尋ねると「家と職場の中間くらいにあるのと、ホームページで見て雰囲気がよさそうだったので…」

〔☞p.39〕〈カウンセリングは継続して？〉「うーん…2、3回？　ストレスが重なったときとかに…。そんな感じ」

　(1) 動機づけの高さについては、面接者は自主的な来談と判断していますが、どうでしょうか。玉瀬さん自身がカウンセリングを受けたほうがよいと考えていること、特にカウンセリングへの抵抗感もないことが読み取れることから、やはり自主的な来談と判断できますので、動機づけは**高い**と考えていいでしょう。

　そこで次に、**(2) なぜ、今この時期に来談したのか**を整理しましょう。直接のきっかけは、最近仕事の遅刻や欠勤が増えていることのようです。また今回は、以前の体調不良とは異なっているだけでなく、今の仕事を続けていくかの迷いや、やる気が出ないこと、これからの不安もあるなども語られています。

　最後に、**(3) なぜ、この相談施設を選んだのか**ですが、家と職場の中間くらいにあること、雰囲気がよさそうだったと感じたことという、現実的な理由のみが現段階では挙げられています。臨床実践では初回だけで動機づけの内容に関する情報を十分に把握するのが困難なことも少なくありません。そのようなときには、本人の動機づけを推測するために、【受診歴・相談歴】の情報を参照すると参考になります。すると、玉瀬さんは大学の学生相談室でカウンセリングを受けてアドバイスをもらえたこともあり、抵抗感はないと話していたことがわかります。ただ、その相談は継続的ではなく、ストレスが重なったときに利用していたようです。

ステップ
1
情報収集

ステップ
2
情報整理

ステップ
3
評価

ステップ
4
潜在的な課題の探索

ステップ
5
受理判断

ステップ
6
フィードバック

◆記入例

1. 動機づけ	(1) 動機づけの高さ [（高い） ・　低い　] 　　低い場合 → 誰の主訴か（　　　　　　　　　　　　　　） (2) なぜ、今この時期に来談したのか 　　最近、仕事の遅刻や欠勤が増えているが、以前の体調不良とは異なり、今の仕事を続けていくかの迷いや、やる気が出ないこと、これからの不安もあるためカウンセリングでアドバイスがもらえればと来談した。 (3) なぜ、この相談施設を選んだのか 　　家と職場の中間くらいにあること、雰囲気がよさそうだったと感じたため。受診歴・相談歴からは、大学学生相談室に数回相談した際に、アドバイスがもらえたので相談への抵抗感はなく、また受けたほうがいいと思い来談したようである。ただし、学生相談では継続的な心理面接ではなく、ストレスが重なったときだけ利用していたようである。

2. 顕在的な主訴 （自覚的な問題・症状・訴え・困っていること）

(1) 困っている問題・症状とその経過

　ここでは客観的な事実（ask的観点）としての個人の問題・症状が、**いつ始まり、どう
なったか**と、個人の主観的な体験（listen的観点）としての問題・症状に**本人なりにどう取
り組んだか**を整理します。その際、【主訴・症状の経過（現病歴）】〔☞p.30〕に関する情報
が参考になります。

(2) どのように困っているか （生活や健康への影響、深刻さの程度）

　個人が問題・症状について、どのように、どれくらい困っているのかを詳しく整理し
ます。この整理には、【睡眠・生活リズム】【食欲・体重変化】【趣味・嗜好】に関して聴
取した情報が参考になります〔☞p.31〕。具体的には、問題・症状が、日常生活や社会活
動（家庭・仕事・学校など）、健康状態、さらには生死に関わること（自傷他害のおそれなど）
に及ぼしている影響を把握し、問題・症状の深刻さの程度を検討します。

(3) 発生時の状況や人間関係

　問題・症状が発生したときの、個人を取り巻く状況や人間関係を整理します。この整理には【生育状況（生育歴）】や【家族状況（家族歴）】、所属する組織への適応状況の情報が参考になります〔☞p.31〕。

　所属する組織とは、学校、職場、友人グループ、家族などです。これを整理するとき、所属する組織側の状況も確認し、**組織側の問題点がないかを忘れずに検討します**。

(4) 問題・症状の反復と対処

　まず、個人がこれまでに似たような問題・症状を反復してきたのかについて、【既往歴】〔☞p.30〕の情報などを参考に整理します。

　次に、問題・症状に対処するための社会資源の有無や、その社会資源を対処にどの程度利用できているのかに着目します。この整理には【受診歴・相談歴】〔☞p.30〕の情報が参考になります。

　それでは顕在的な主訴についてワークを始めましょう。

情報整理ワーク

2.顕在的な主訴　（1）困っている問題・症状とその経過

　想定事例をよく読んで、以下の空欄に記入してみましょう。記入が終わったら、次の解説・記入例へと進んでください。

◆情報整理ワークシート

	(1) 困っている問題・症状とその経過
2. 顕在的な 主訴	

◆**解説**

　想定事例では、（1）困っている問題・症状とその経過に関する主な記述がみられます。

〔☞ p.37〕「あの、**ストレスというか、今の仕事を続けていくか迷っていて…やる気が出ないというか、最近は遅刻や欠勤が増えていて**、これからの不安もあって、カウンセリングを受けたほうがいいかなと思って」。（中略）
「**今の仕事は自分が希望してるものではないんですよね**…。なんか誰がやってもできる仕事というか、自分の得意なことを活かせないというか…。**入社直後はやりがいもあったんです**。ただ、ものすごく**忙しい部署で、めまいとか吐き気で、休職**したんです」。
身体症状と休職の既往が判明したため、念のため当時の身体的な問題の有無を尋ねると「内科で診てもらったけれど、特に問題はなくて、忙しすぎて体がついていかなくなってしまったので、**少し休養をとったほうがいいと言われ**ました。これから頑張ろうというときだったんですけど、**体がついていかなかったので仕方なく**…。復職して、**比較的体への負担が少ない営業補佐の事務職に異動**となったんです。**自分の体力がないせい**なんですけどね」。
事実関係がわかりにくいので確認すると、入社直後は貿易関係の部署で忙しかった、めまいや吐き気は入社2年目の途中から生じ、体調不良のため休みが多くなり入社2年たったところで3か月間休職、復職後すぐ営業補佐の事務部門に異動となり来談時までに約1年半が経過しているとのこと。

　これを読むと、玉瀬さんが現在困っている主訴は「仕事を続けていくか迷っている」という職業上の問題です。そして随伴する症状として、やる気のなさを語っています。さらに社会的な意味での問題行動として遅刻や欠勤が増えていることが語られています。この問題の起始・経過に注目すると、入社直後の部署が忙しく、2年目からめまいや吐き気といった症状が生じ、休みが多くなり内科を受診し、医師の助言に従って3か月休職したことがわかります。復職の際には、体の負担が少ない営業補佐の事務部門へ異動しています。これが客観的な事実です。
　玉瀬さん本人は、復職後の配属先に必ずしも満足していないですが、休職も異動も体がついていかなかったので仕方なかったと、主観的に体験しているようです。

ステップ
1
情報
収集

ステップ
2
情報
整理

ステップ
3
評価

ステップ
4
潜在的な
課題の探索

ステップ
5
受理
判断

ステップ
6
フィードバック

	(1) 困っている問題・症状とその経過
2. 顕在的な 主訴	入社直後から貿易関係の部署で忙しく、入社2年目の途中からはめまいや吐き気が生じ、休みが多くなり内科を受診。休養を勧められ3か月間休職。復職後すぐ営業補佐の事務部門に異動となり、1年半経過した現在（異動2年目）、遅刻・欠勤が増え、仕事を続けていくことへの迷い、やる気のなさなどが生じている。 　玉瀬さん本人は、復職後の配属先に必ずしも満足していないが、休職も異動も体がついていかなかったから仕方ないと、主観的に体験しているようである。

情報整理ワーク

2.顕在的な主訴　（2）どのように困っているか

 想定事例をよく読んで、以下の空欄に記入してみましょう。記入が終わったら、次の解説・記入例へと進んでください。

◆情報整理ワークシート

	(2) どのように困っているか（生活や健康への影響、深刻さの程度）
2. 顕在的な 主訴	

◆解説

　玉瀬さんはやる気が出ず仕事を継続するか迷っており、遅刻・欠勤が増えています。遅刻・欠勤にうつ状態が関係している方ですと、睡眠や食欲の問題、種々の身体症状に苦しむことも多いのですが、面接時点で彼女に睡眠や体調不良の問題はあまりなく、今回は休職になっていない程度の影響だとわかります。しかし、時々食べ吐きがあることを語っており、吐いた翌日に動くことが面倒になっていることがわかります。この問題は少なからず生活や健康に影響していますが、本

人は深刻には考えていない様子です。

◆記入例

	(2) どのように困っているか（生活や健康への影響、深刻さの程度）
2. 顕在的な 主訴	やる気が出ず遅刻や欠勤が増えてきているが、休職には至ってない。生活や健康への影響として、睡眠は、寝起きはつらいが概ね問題がない。食欲については、たまにたくさん食べた後で吐くことがあり、そうすると次の日に動くことが面倒になることもあるが本人は深刻には考えていない様子。

ステップ
1
情報収集

ステップ
2
情報整理

ステップ
3
評価

ステップ
4
潜在的な課題の探索

ステップ
5
受理判断

ステップ
6
フィードバック

情報整理ワーク

2.顕在的な主訴　（3）発生時の状況や人間関係

 想定事例をよく読んで、以下の空欄に記入してみましょう。記入が終わったら、次の解説・記入例へと進んでください。

◆情報整理ワークシート

	(3) 発生時の状況や人間関係
2. 顕在的な 主訴	

◆解説

　玉瀬さんの今回の問題・症状が発生したときの状況ですが「仕事のストレス」と申し込み用紙にも書いてあることから、面接者はまず現在の職場の状況と職場の人間関係に注目しています。時系列がわかりにくかったので、面接者が事実関係を確認すると以下のことがわかりました。

〔☞p.37〕入社直後は貿易関係の部署で忙しかった。めまいや吐き気は入社2年目の途中から生じ、体調不良のため休みが多くなり入社2年たったところで3か月間休職。**復職後すぐ営業補佐の事務部門に異動**となり来談時までに約1年半が経過している。

この職場の人間関係ですが、玉瀬さんは以下のように語っていました。

〔☞p.39〕「異動になったときに、**上司にすごく気に入られて、**仕事のやり方とかも順調に覚えて、**評価されてたんです。**自分が**希望した仕事ではなかったけど、それはそれでやりがいがあるかな**とか思ったりもしてました…。でも、**新人の子を担当するようになって、まだ自信がないのに、自分で考えろとか**…。まあ、それは仕方がないことでしょうけど、**今まで組んでやっていた仕事が全部主任の業績になってたんですよ。ひどいですよね**」

ここでも面接者が事実関係を確認したところ、当初、玉瀬さんに好意を持っていた上司が、年度が変わり新人と組むことになり、玉瀬さんはサポートしてもらえなくなったとのことですが、客観的な事実は不明です。

◆記入例

	(3) 発生時の状況や人間関係
2. 顕在的な主訴	復職後、比較的体への負担が少ない営業補佐の事務職へ異動となった。異動先の上司に気に入られ（上司から一時期、恋愛感情みたいな感じを持たれていたと感じている）、評価されていたため、希望した仕事ではなかったが、やりがいを感じていた。しかし、その上司が新人と組むことになり、サポートしてもらえなくなったように感じ、仕事が全部上司の業績になった、と理解している。ただし客観的な事実は不明。

ステップ
1
情報収集

ステップ
2
情報整理

ステップ
3
評価

ステップ
4
潜在的な課題の探索

ステップ
5
受理判断

ステップ
6
フィードバック

2.顕在的な主訴　（4）問題・症状の反復と対処

想定事例をよく読んで、以下の空欄に記入してみましょう。記入が終わったら、次の解説・記入例へと進んでください。

◆情報整理ワークシート

2. 顕在的な 主訴	(4) 問題・症状の反復と対処

◆解説

　ここまで見てきたように玉瀬さんが困っている問題・症状は仕事のストレスとやる気が出ないことですが、学生時代や休職前の仕事など過去のエピソードからは、貧血や月経停止、めまいや吐き気などの身体症状がたびたび反復されていたことが読み取れます。

　また今回の会社での諸問題は、所属する組織を辞めるという意味では、高校の部活の退部と似ており、課題に取り組まないという意味では、大学時に留学審査を辞めたことと似ています。

　さらに本人はあっけらかんと語っていて面接者も玉瀬さんに問題意識があまりないと感じていますが、食べ吐きも高校時代から繰り返されている問題・症状と考えられます。これらの問題・症状への対処としてオンデマンドで大学の学生相談室を利用したり、内科を受診したりしています。しかし、家族や親しい友人など身近な社会資源は利用していないようです。

2. 顕在的な 主訴	**(4) 問題・症状の反復と対処** 　やる気のなさについては、本人からはっきりとは語られていないが、高校の部活を半年で退部したこと、大学で留学の審査をばかばかしくなってやめたこと、そして最近の仕事のやる気が出ないことに反復されている。 　身体症状としては、高1時のダイエットによる貧血と月経停止、大学時の留学試験当日の体調不良（詳細不明）、社会人になり入社2年目からのめまいや吐き気などで反復されている。 　食べ吐きは高3頃にスタートし、大学時や社会人の現在も時折反復されている。 　対処として、家族や親しい友人には相談していない。一方、留学の審査を無断欠席した後、大学事務に勧められて学生相談に行くなど、学生相談や内科をオンデマンドで利用している。

3. 家族と生い立ち

（1）家族構成と家族関係

　家族構成と家族関係の整理には、【家族状況（家族歴）・経済状況】〔☞p.31〕の情報が参考になります。

　まず、ask的観点から**客観的な事実としての家族構成**を整理します。一般的に、二親等以内の家族の年齢、社会的立場に関する情報を整理します。このとき、ジェノグラムを作成すると家族状況を把握しやすくなります〔☞補足：ジェノグラムの描き方〕。

　次にlisten的観点から、**主観的な体験としての個人が抱く家族イメージ**を整理します。具体的には、個人がそれぞれの家族を、どんな人たちで、どのような関係だと認識し、どんな文化的特徴を持った家族であると体験してきたのか、などの情報を整理します。

【補足】ジェノグラムの描き方

　ジェノグラム（genogram）とはいわゆる家系図であり、個人を中心とした家族構成がひと目で把握できる図のことを言います。描き方に統一された規格はありません

ステップ
1
情報収集

ステップ
2
情報整理

ステップ
3
評価

ステップ
4
潜在的な課題の探索

ステップ
5
受理判断

ステップ
6
フィードバック

が、図2のジェノグラムの例はよく使われる描き方です。

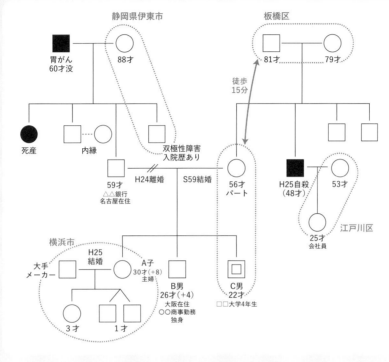

図2　ジェノグラムの例

〈基本的な描き方〉

- 男性は□、女性は○
- 個人本人は⊡、または◎
- 故人は■・●、または⊠・⊗、⊞・⊕
- 夫婦は原則、男性を左、女性を右に配置
- 同胞は生まれた順に左から右に配置
- 同胞の年齢は（＋4）など年齢差を書く場合もあり
- 同居家族を線で囲む
- その他、結婚・離婚、故人の死因、精神科既往歴などを記載する場合もあり

(2) 家族的リスク（遺伝負因、経済状況）

ここでも【家族状況（家族歴）・経済状況】〔☞p.31〕の情報を参考に、家族的リスクとして遺伝負因の有無や経済状況を客観的な事実として整理します。もし精神疾患や発達障害を抱える人が家族にいたなら、遺伝的・生物学的リスクが考えられます。加えて、家族が精神疾患を持っていることを、その個人がどう体験して育ったのかを整理することで、それが問題・症状の形成に与えた影響を検討します。

また、貧困や借金の問題に関しては、貧困の程度（客観的な事実）とその主観的な体験を整理する必要があります。

(3) 生い立ち

　生い立ちの情報整理の際には、面接で収集した【生育状況（生育歴）】〔☞p.31〕の情報を、過去から現在の順に並べ替えて記載します。その際に、幼稚園や保育園、学校や職場など、本人が所属してきた**組織での活動状況や対人関係**などもまとめます。また、引っ越しや受験や就職など**一般にストレスフルとされるイベント**も時系列にまとめるとよいでしょう。

情報整理ワーク

3. 家族と生い立ち　（1）家族構成と家族関係

　想定事例をよく読んで、以下の空欄に記入してみましょう。記入が終わったら、次の解説・記入例へと進んでください。

◆**情報整理ワークシート**

3. 家族と 生い立ち	（1）家族構成と家族関係 ジェノグラム

◆**解説**

　家族構成は相談申し込み用紙に書かれたことや面接の中盤以降に面接者が〈ご家族のお話が出ましたが、詳しく聞かせてもらえますか？〉〔☞p.40〕と尋ねているあたりを中心に整理します。

　次に玉瀬さんからみた個々の家族成員の特徴や、家族との関係、あるいは家族成員間の関係を簡潔に記載します。

◆記入例

3. 家族と 生い立ち	**(1) 家族構成と家族関係** ・父（56）会社員。「普通のサラリーマン」。仕事で不在がち。大学からしつけにうるさくなった。 ・母（54）薬剤師。多忙の中で家事も頑張る「すっごい人」。両親の仲は「悪くはない」。 ・妹（23）薬科大学6年。就職内定している。「要領がいいタイプ。すっごくかわいい」。 ・母方祖父母（未確認）疎遠。 ・父方祖父母（未確認）近隣に住む。 　幼少期には近隣の父方祖父母宅によく遊びに行っており、本人は祖母のお気に入り。父方祖母に甘やかされることに対して母から怒られたエピソードが語られている。 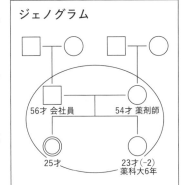

情報整理ワーク

3.家族と生い立ち　（2）家族的リスク（遺伝負因、経済状況）

想定事例をよく読んで、以下の空欄に記入してみましょう。記入が終わったら、次の解説・記入例へと進んでください。

◆情報整理ワークシート

3. 家族と 生い立ち	**(2) 家族的リスク**（遺伝負因、経済状況）

ステップ
1
情報収集

ステップ
2
情報整理

ステップ
3
評価

ステップ
4
潜在的な課題の探索

ステップ
5
受理判断

ステップ
6
フィードバック

◆解説

　初回面接の時点では、玉瀬さんの同居家族の精神疾患に関する情報はありません。また、父方祖父母や母方祖父母の情報もまだあまりないため、初回面接終了時点で、家族的リスク（遺伝負因）は特に認められません。

　経済状況については、本人も含め3人が仕事に従事しており、学生である妹も就職が決まっています。さらに私設心理相談室に申し込んだり、社会性が保たれてブランド物のバッグを身につけたりしている臨床像からは、経済状況の問題もないと考えられます。

　一方で、大学進学時に、妹が私立の中高に通っていたことや6年制の薬科大学を目指していたことから、第1志望ではなく学費の安い大学にあえて推薦で入学するなど、当時の実家の経済状況にかなり配慮していたようです。

◆記入例

3. 家族と 生い立ち	**(2) 家族的リスク（遺伝負因、経済状況）** 　家族的リスクの遺伝負因は初回面接時点では認められない。家族的リスクの経済状況は両親共働きで本人も働いており、外見からも経済的には安定していると思われる。過去においても本人は私大に通い、妹も私立の中高を出てさらに6年制の薬科大学に入学したので、経済的には安定していたと考えられる。 　一方で、玉瀬さんは大学受験の際に、妹の学費が高いことを心配し、長女であるという意識から親に迷惑をかけないように第1志望ではなく学費の安い私立大学に推薦で入学した。当時、実家の経済状況にかなり配慮していたようである。

情報整理ワーク

3. 家族と生い立ち　（3）生い立ち

　想定事例をよく読んで、以下の空欄に記入してみましょう。記入が終わったら、次の解説・記入例へと進んでください。

◆情報整理ワークシート

	(3) 生い立ち
3. 家族と 生い立ち	

◆解説

　面接者は玉瀬さんに対して、大学以前のこと、中学校時代、小学校時代、幼少期とさかのぼりながら質問していました。また幼少期については、どんな子だったかや、印象に残っている記憶についても尋ねています〔☞ p.40〕。これらの情報を時系列に整理して記入します。

　幼少期の家族関係については、(1) 家族構成と家族関係で記入していますので、ここでは学校の学業や部活、職場での仕事ぶりなど、所属組織での活動状況と当時の対人関係のエピソードを記入します。

◆記入例

	(3) 生い立ち
3. 家族と 生い立ち	幼少期は、食が細い以外問題なかった。小・中学校は、目立つタイプではないが、おとなしい子の面倒を見たり、クラス委員や部長を引き受けたりしていた。成績も良く「手のかからない、いい子」と周囲から評価されていた。高校は、活発な人が多く先生も放任という環境だった。気の合う友人もなく、部活を半年で退部した。大学は、中学時代の担任の影響を受けてフランス文学を選択するが、長女の自分が親に経済的負担をかけないように第1志望ではなく学費が安い大学に入学。なお詳細な時期は不明だが学生時代に先輩と交際経験がある。卒業後は、貿易関係の仕事に就いた。入社2年たったところで3か月間休職。復職後すぐ営業補佐の事務部門に異動となり来談時までに約1年半が経過している。

ステップ
1
情報収集

ステップ
2
情報整理

ステップ
3
評価

ステップ
4
潜在的な課題の探索

ステップ
5
受理判断

ステップ
6
フィードバック

4. 面接中の語り方

　ここまでは面接中に個人が語った**内容**について整理しました。ここでは、内容ではなく**態度（形式）**を整理します。先述のとおり、この整理も〈ステップ3 評価〉や〈ステップ4 潜在的な課題の探索〉に役立ちます。

(1)「客観的な事実」と「主観的な体験」との照合

　ここではask的観点で収集した情報とlisten的観点で収集した情報を照合します〔☞表3（p.28）〕。すなわち、顕在的な主訴として語られた客観的な事実と、それに対するその人なりの考え・想い・記憶・態度などの主観的な体験との照合です。そして、一致しているか不一致があるかを整理していきます。

(2)「語る内容」と「語る態度（形式）」との照合

　ここでは個人が問題・症状について「語る内容」と「語る態度（形式）」との照合をします。具体的には、面接時に聴取した情報と面接時に観察した情報を照合します。ステップ1の観察項目【立ち居振る舞い】や【語り方・応答】も参考になります〔☞p.32〕。そして、不安な内容を不安な態度で語る場合のように、内容と形式が一致するのか、あるいは不一致があるのかを整理します。

　なお、内容と形式が一致する場合、面接者は違和感なく共感的に聴くことができますが、不一致がある場合、面接者が違和感を覚えたり、共感しにくい印象を持ったりすることがあります。実際の面接場面では、面接者が抱くこうした違和感から、個人の語る内容と形式の不一致に気づくこともあります。

(3) 語り方の特徴

　語り方の特徴には、〈ステップ1 情報収集〉の観察項目の全てに関する情報の中から特徴的な態度を記入します。特に、面接者に対する態度や、不安や緊張の度合いなどの心理状態に関する態度には注目しておくとよいでしょう。語り方の特徴の整理では、表4「観察項目とそこから読み取れること」を参考にしてください。

ステップ
1
情報収集

ステップ
2
情報整理

ステップ
3
評価

ステップ
4
潜在的課題の探索

ステップ
5
受理判断

ステップ
6
フィードバック

4.面接中の語り方 （1）「客観的な事実」と「主観的な体験」との照合

想定事例をよく読んで、以下の空欄に記入してみましょう。記入が終わったら、次の解説・記入例へと進んでください。

◆情報整理ワークシート

	（1）「客観的な事実」と「主観的な体験」との照合
4. 面接中の 語り方	

◆解説

　遅刻や欠勤が「客観的な事実」としてあり、玉瀬さんはそのことを専門的なカウンセリングを受けたほうがよい問題として「主観的に体験」しています。この「客観的な事実」と「主観的な体験」の関係には整合性があり、両者は一致しています。

　一方で面接後半にさらっと語った症状として食べ吐きがあり、吐いた後に体調不良となっている事実がありますが、本人はあまり問題とは捉えていない態度が目立ちました。この「客観的な事実」と「主観的な体験」の関係は不一致と言えます。

　同様に留学審査の試験をめぐって「大学が学生をばかにしている」と主観的に体験していたり、営業補佐という立場的に仕事の業績は上司のものになってもおかしくないにもかかわらず、そのことを「業績を取られたひどい体験」と話したりしていました。このあたりも「客観的な事実」と「主観的な体験」に不一致が生じていると考えられます。

	(1)「客観的な事実」と「主観的な体験」との照合
4. **面接中の** **語り方**	〈一致〉 ・最近、遅刻欠勤が増えたこと（客観的な事実）について、カウンセリングを受けたほうがよいと理解（主観的な体験）。 〈不一致〉 ・食べ吐きがある（客観的な事実）が、問題意識は低い（主観的な体験）。 ・大学で留学試験の追試連絡がなかったこと（客観的な事実）を「大学が学生をばかにしている」と理解（主観的な体験）。 ・営業補佐である（客観的な事実）が、自分の仕事が上司の業績になったことについて、業績が取られたと理解（主観的な体験）。

情報整理ワーク

4.面接中の語り方 （2）「語る内容」と「語る態度（形式）」との照合

想定事例をよく読んで、以下の空欄に記入してみましょう。記入が終わったら、次の解説・記入例へと進んでください。

◆情報整理ワークシート

	(2)「語る内容」と「語る態度（形式）」との照合
4. **面接中の** **語り方**	

◆解説

　ここでは、玉瀬さんが面接時に話した「内容」とそのときに観察された「態度」を照合します。

　「語る内容」と「語る態度（形式）」との照合は、実際は直接観察しながら行うものなので、紙面の想定事例の情報から検討するのは難しいのですが、ここでは玉瀬さんの面接で特徴的だった一致と不一致の例を2つずつ挙げたので参考にして

みてください。

◆記入例

	(2)「語る内容」と「語る態度（形式）」との照合
4. 面接中の 語り方	〈一致〉 ・面接開始時に遅刻して来た後の自己紹介の際に「遅れてすみません。玉瀬です。よろしくお願いします」と謝罪と自己紹介（内容）を少し高めの声で早口に言いながら会釈する（態度）。 ・着席の際に「すみません。失礼します」と言いながら（内容）背筋を伸ばして座り、膝の上にバッグを置いてハンカチを取り出し手にする。面接者の観察によるとやや硬い印象もあるがきちんとしようという姿勢がうかがえた（態度）。 〈不一致〉 ・上司の不満（内容）を他人事のように語った（態度）。 ・食べ吐き（内容）をあっけらかんと語った（態度）。

4.面接中の語り方　（3）語り方の特徴

想定事例をよく読んで、以下の空欄に記入してみましょう。記入が終わったら、次の解説・記入例へと進んでください。

◆情報整理ワークシート

	（3）語り方の特徴
4. 面接中の 語り方	

◆解説

　玉瀬さんの説明には事実関係がわかりにくい特徴がありましたが、面接者が確認すると事実関係が理解できることが何回かありました。

面接者に対する態度は、最初は非常に丁寧でしたが、後半になるとくだけた雰囲気になる変化がありました。不安や緊張の度合いなどの心理状態に関する態度では、特に気になる言動や様子は見られませんでした。
　これらをまとめると次の記入例のようになります。

◆記入例

4. 面接中の 語り方	(3) 語り方の特徴 ・全体に事実関係を明確に説明できないが、面接者に確認されると部分的には明確に語れる。 ・「どうしたらいいかアドバイスもらえればと」と話した後、「昔、カウンセリング受けたこともあったんです」など、話が唐突に飛ぶことがある。 ・はじめはきちんとしようという姿勢がうかがえハキハキとしていたが、途中でくだけた雰囲気で、同意を求めるような口調が増えてくる。

ステップ
3

評価

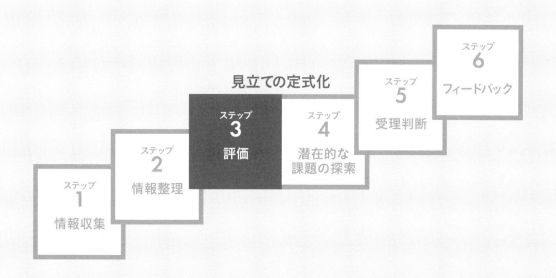

見立ての定式化

ステップ
1
情報収集

ステップ
2
情報整理

ステップ
3
評価

ステップ
4
潜在的な
課題の探索

ステップ
5
受理判断

ステップ
6
フィードバック

個人のものの見方・考え方・感じ方・振る舞い方を評価する「5つの視点」

　ステップ1・2では、個人が抱える問題・症状について情報を収集・整理してきました。ステップ3では、その問題・症状を抱える個人にも焦点を当てて、個人の「ものの見方・考え方・感じ方・振る舞い方」を評価します。

　アセスメントで何をどう評価するかに関しては様々な視点や枠組みがあります。目的や、心理支援の立場および技法によって評価すべきことが変わってくるからです。例えば、医師からの依頼目的が診断補助であれば、症状や問題などの客観的な事実に関する情報を集め、精神医学的な枠組みで提供すること (ask的観点) が必要になります。

　本書で扱う**力動的アセスメント**では、客観的な事実と**その事実に対するその人に特有の主観的な体験**を重視します (listen的観点)。そこで本書では、個人のものの見方・考え方・感じ方・振る舞い方を「5つの視点」(機能・能力) から評価します。5つとは、**1.知的能力**、**2.現実検討力**、**3.感情の調整**、**4.対象関係**、**5.アイデンティティ**です。これらは、本書が力動的アセスメントに最低限必要と考える視点[*1]です。この「5つの視点」の評価の結果を適応的な側面と不適応的な側面へ整理し、パーソナリティ構造の水準 (病態水準) を判断するところまでがステップ3でやることです。

　「5つの視点」の評価にあたり、本書では優先順位を考えています。まず、**1.知的能力**を評価します。そして、知的能力が平均以上とわかったら、**2.現実検討力**の評価に進みます (知的能力が平均未満の場合については後述)。知的能力を最初に評価するのは、知的能力が、認知、感情の調整、対人・社会場面への適応など、**他の多くの機能の基盤**だからです。つまり通常は、知的能力が高ければ状況把握や社会適応も良く、低ければ悪いと判断されやすいと考えられます。このように、知的能力の評価には器質的な問題の**除外判断**の意味合いも含まれています〔☞補足：**除外判断**〕。

　さて、**2.現実検討力**が保たれていると評価されたら、続いて、**3.感情の調整**、**4.対象関係**、**5.アイデンティティ**の評価へと進みます。以上の優先順位や関係性を示したものが図3です。

[*1]　「5つの視点」は、精神分析の自我心理学における「自我機能」に重なるものです。ベラックら (Bellak et al., 1973) は自我機能を12個に分類しています。自我は「知覚・思考・感情・行為」などの心的機能や、「観察・判断・感情操作・行動選択」の様式・体制を司る機能を持っていると考えられます。

図3 「5つの視点」の関係性

ステップ
1
情報収集

ステップ
2
情報整理

ステップ
3
評価

ステップ
4
潜在的な課題の探索

ステップ
5
受理判断

ステップ
6
フィードバック

【補足】除外判断

　個人が訴える問題や症状が心理的な要因で生じている（心因性）と判断するときには、必ず、**外因性**や**内因性**の要因が含まれていないかどうかの判断、すなわち除外判断を行う必要があります。

・外因性の問題や症状：身体疾患、器質性疾患（脳に実質的な変化を及ぼす病気や外傷など）、薬物やアルコールなどの影響によって生じる問題や症状

・内因性の問題や症状：脳機能の何らかの異常が原因と考えられる問題や症状

　一見すると心因性と思われる問題・症状が、実は外因性や内因性の問題・症状であることもあります。特に、精神科的な症状には、外因性や内因性の要因によって生じるものが意外と多くあります。例えば、意欲低下や疲れやすさなどです。

　外因性や内因性の問題・症状は放っておくと命にも関わる危険性があるため、その治療が優先されなければなりません。

　以下、想定事例について、本文中または巻末付録の**評価ワークシート**を使い、「5つの視点」を1つずつ実際に評価しながら学びます。**想定事例**と**情報整理ワークシート**を参照しながら記入し、評価の根拠も書きましょう。

1. 知的能力

本書では知的能力を「**言語能力、課題達成に向けた計画を立てる力や遂行する力とし**

ての**実行能力**、置かれた状況に適切かつ柔軟に対応する力としての**状況判断力**」として捉えます。これは知能検査のIQ値から評価されるものより、広く包括的な捉え方です。

〈知的能力の評価〉

言語能力・実行能力・状況判断力がどの程度あるかを検討・評価する。

〈評価基準の目安〉

高い	いろいろな能力がバランスよく高く、置かれた状況の把握や対応が優れている
平均	いろいろな能力が平均的で、置かれた状況の把握や対応におおよそ問題がない
境界線	いろいろな能力が全般に低め、あるいは、能力の間にばらつきが見られ、置かれた状況の把握や対応が不安定になりやすい
特に低い	いろいろな能力がおしなべて低く、置かれた状況の把握や対応が困難

〈評価のコツ〉

・言語能力、実行能力、状況判断力といった「知的能力」の諸能力に顕著なばらつきがある場合、発達障害の可能性を検討する。例えば、言語的・学術的な知識が豊富でも、実際的に何かを実行する能力が弱い場合などは、そのばらつきの要因を含めて検討・評価する。

・1.知的能力が［平均］未満なら、他の2.現実検討力、3.感情の調整、4.対象関係、5.アイデンティティも機能・能力が平均以下と考えられる。

〈面接中の注目ポイント〉

・**聴取した情報**（学歴や経歴、学校での成績など）、**面接中の態度**（言葉の使い方、理解力、説明のわかりやすさ、挨拶や敬語などの社会性、疎通性など）から評価する。

・高学歴でも知的能力は高くない場合もあるので注意する。例えば、偏差値の高い大学に一芸入試で入ったり、入学希望者が定員割れに近い状況で大学に進学したりする場合もある。

「5つの視点」 1.知的能力

想定事例と情報整理ワークシートを参照しながら知的能力の評価を選び、空欄にその根拠も書いてみましょう。記入が終わったら、次の解説・記入例へと進んでください。

◆評価ワークシート

1. 知的能力 言語能力・ 実行能力・ 状況判断力	[　高い　・　平均　・　境界線　・　特に低い　]

◆解説

　玉瀬さんの知的能力を、言語能力・実行能力・状況判断力の3つの側面から評価しましょう。

- 言語能力：面接者からの質問におおよそ適切な応答が返ってきています。説明不足な応答も、重ねて質問すれば明確になります〔☞情報整理ワーク4.(3)(p.65)〕。このように面接者の質問の意図を理解し、適切に応答できていることから、言語能力には問題がなさそうだと評価できます。

- 実行能力：大学の推薦を取れる程度に成績を維持していること、大学を4年で卒業し、きちんと就職していることから、実行能力も問題がないと考えられます〔☞情報整理ワーク3.(3)(p.60)〕。

- 状況判断力：遅刻したことを「遅れてすみません」と謝罪し、「玉瀬です、よろしくお願いします」と挨拶しています。また、ソファへの着席を勧められると「すみません。失礼します」とひとこと断りを入れています。面接が進むと、最初の緊張感は緩んでくだけた雰囲気になりますが、社会性は保たれています。このように、初対面の相手に対する態度・言動としては、十分に適切であることから、状況判断力も問題がないと評価できます〔☞情報整理ワーク4.(3)(p.65)〕。

ステップ 1 情報収集

ステップ 2 情報整理

ステップ 3 評価

ステップ 4 潜在的な課題の探索

ステップ 5 受理判断

ステップ 6 フィードバック

以上より、玉瀬さんの知的能力は［平均］、すなわち「いろいろな能力が平均的で、置かれた状況の把握や対応におおよそ問題がない」と評価できるでしょう。

◆記入例

1. 知的能力 言語能力・ 実行能力・ 状況判断力	［　高い　・　平均　・　境界線　・　特に低い　］ ・言語能力：質問の意味と意図を理解し、おおよそ適切に応答している。 ・実行能力：公立高校から大学に進学し4年間で卒業、就職できている。 ・状況判断力：礼儀や敬語の適切な使用などの社会性が保たれている。 →いろいろな能力は平均的で、置かれた状況の把握や対応におおよそ 　問題ないと思われる。

よくある質問

　玉瀬さんは、フランス留学のための試験当日に体調を崩し、受験できませんでした。その後、追試の連絡がないことに腹を立て、「学生をばかにしている」「留学もダメだろうと思って、審査を受けるのもばかばかしくなってやめた」と言っています。この点について、普通は学生が自分から追試について大学窓口に訊ねに行くと思います。これを状況判断力が少し不足していると考えて、知的能力の評価を一段階落として"境界線"にしてもいいのではと思ったのですが、いかがでしょうか？

◆◆◆

　　　たしかにこのエピソードは、状況判断力が一見あやしく見えますね。ご指摘のように、普通は自分から問い合わせに行きますので、面接者から〈自分から問い合わせなかったのには何か理由がありましたか〉と確認してもよかったでしょう。すると、当時の彼女の状況判断力についてもう少し詳しい情報が得られたかもしれません。確認によって、面接者がその経緯を了解できるようになるなら、**知的能力**は［平均］以上と考えて差し支えないと言えます。

　今回は玉瀬さんに確認していませんが、状況判断力が低いというより"感情的な反応が優位になっている"と理解できそうです。つまり、**感情的に反応しやすい人**の場合も、**状況判断力が低く見える**ことがあるのです。知的能力が低い人は、どん

な場面でも状況判断力が低下しやすいと考えられますが、感情面に課題がある人は、似たような場面でのみ状況判断力が低下しやすいと考えられます。

　玉瀬さんの場合も、他の場面では状況判断力に大きな問題はなさそうなので、**知的能力**は［平均］と評価し、3.感情の調整に関する課題があると評価しています。

よくある質問

実際にワークをしながら、"［高い］まではいかないけれど［平均］より上"とか、"［平均］と［境界線］の間くらい"という場合もあるように感じました。そのような場合には、今回の評価基準でどのように評価したらよいのか教えてください。

◆◆◆

　これは大切なポイントです。ここで注意していただきたいのは、本書で学んでいる〈評価基準の目安〉は初学者でも評価しやすくするための便宜的な工夫だということです。おっしゃるとおり、実際の個人の知的能力は4段階に明確に分類できるものではありません。

　本ステップの残りの4つの視点でも、［±］［干］［−］などの記号を使って3〜4段階に分類・評価するワークを行いますが、臨床的には"［±］と［干］の中間"と判断されることも十分にあり得ます。これは**連続性の原理**という考え方に基づくものです。詳しくは、次の【補足】をご覧ください。

【補足】連続性の原理

　力動的アセスメントでは、心の働きを正常（健康的）か異常（病的）かの二者択一的な判断ではなく、**どんなときに、どれくらい、健康的な（もしくは病的な）心が働くか**という**連続性の原理**に基づいて理解していきます。

　連続性の原理では、心の状態を次の2つの考えに基づいて理解します（図4）。

①健康的とされる人の心の状態と病的とされる人の心の状態は連続しており、間に明確な境界があるわけではない（スペクトラムの視点）。

ステップ1　情報収集
ステップ2　情報整理
ステップ3　評価
ステップ4　潜在的な課題の探索
ステップ5　受理判断
ステップ6　フィードバック

②健康的とされる人の中にも病的な心の働きが含まれている。

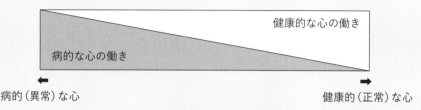

図4　連続性の原理

【補足】病的な心の働きと健康的な心の働き

　病的な心を、連続性の原理では「欲求や衝動に支配され、快か不快かだけで動き、合理的な思考や判断が失われた心[*2]」の状態と理解します。そのため、病的な人は、病的な心の働きが優勢になり、健康的な心の働きが目立たなくなっている状態の人と言えます。

　健康的な人でも、過重なストレスにさらされると健康的な心の働きが弱まります。すると、病的な心が表面化し、一時的に場にそぐわない行動をとることがあります。ただし、再び健康的な心が働き、場に適した振る舞いができるように回復します。**健康的な心の働きには、こうした揺れ動きが見られる**ことを覚えておきましょう。

　このように、心理臨床においては病的な側面だけでなく**健康的な側面にも注目する**ことが必要です。私たちは、その個人の悩みや苦しみを評価しようとすると、ついその人の主訴や問題点の側面、すなわち病的な心の働きに注目しがちです。しかし、その人の社会適応的な側面、すなわち健康的な側面にも十分注目し、理解する必要があります。この両面への注目によって、個人のものの見方・考え方・感じ方・振る舞い方をより正確に理解できるのです。

[*2] 「欲求や衝動に支配され、快か不快かだけで動き、合理的な思考や判断が失われた心」というと、一見皆さんとは無縁な心の状態がイメージされるかもしれません。しかし、これは「夢や空想の中で表現される誰の中にもある心の働き」です。この心の働きが社会場面でそのまま表面化すると「病的な心」と扱われます。

2. 現実検討力

　現実検討とは、自分の内面で生じていることや、相手や物事との関係性について客観的で多角的な視点を保って認識する心の機能です。

　現実検討力 (reality testing) とは、その現実検討の機能が、様々な場面でどれくらい保たれるのかに関する能力です。具体的には、自分の立場・役割・置かれた状況などの事実を客観的によく観察し、その状況に見合った振る舞いを保つことに関する能力です。

　現実検討力には、2つの機能・能力が含まれます。それは (1) 自我境界機能と (2) 自己行動に関する判断力です。個人の病理の評価においては、(1) 自我境界機能の評価に重点を置きます。以下、この2つを紹介します。

(1) 自我境界機能 (ego boundary function)

　内面で感じ・思い・理解している内容 (主観的な体験) と、外界の事実や他者の体験 (客観的な事実) を、違うものと区別できる機能・能力です。

> 例①
> 女子大生のAさんは、同じマンションに住む赤の他人の男性から笑顔で挨拶されたことをきっかけに好意を寄せ、その男性とそれ以上の交流はないままに想いを募らせ、男性も自分を好いていると思い込み、恋人として男性宅に侵入し、警察沙汰になった。

　例①は男性への想いや願望の高まりにより、**自他の境界** (自分と他者の境界) が崩れた例と理解できます。"自分の主観的な体験＝外的現実 (客観的な事実)" となる状態がいわゆる**妄想**で、Aさんの例は相手に愛されていると思い込む「被愛妄想」と言えます。

　Aさんが男性を想い続けるあまり、「とても他人には思えない」と錯覚して恋人として接してしまいそうになっても、実際に会えば他人とわきまえられるなら、自我境界機能はやや不安定ながらも保たれていると言えます。

　さらに、Aさんが男性と交際する想像 (空想) を日頃楽しみつつ、男性は赤の他人だとはっきり認識し続けられているなら、自我境界機能は保たれている (健康的) と言えます。

(2) 自己行動に関する判断力 (judgement)

　自分の立場・役割・置かれた状況、能力・健康などの客観的な事実を適切に把握し、それに見合った態度・行動をとれる (自分の行動の結果について適切な見通しや判断を持てる) 機能・能力です。

ステップ
1
情報収集

ステップ
2
情報整理

ステップ
3
評価

ステップ
4
潜在的な課題の探索

ステップ
5
受理判断

ステップ
6
フィードバック

例②

新人社員のBさんは、自分の立場を理解せずに会議で上司の話を遮って発言して周囲から浮いてしまった。

例③

ヒーローに憧れるC君が「自分はスーパーマンだ」と言って3階の窓から飛び降りて大けがをしてしまった。

どちらの例も、自分がその行動をとったらどのような結果になるのかという適切な見通し・判断を持てていない点で、自己行動に関する判断力（以下、判断力）が適切に働いていないと考えられます。ただし、例③のC君は「自分はスーパーマン」という思い込みもあり、自我境界機能の障害（主観と客観の混同）もあると言えます。**病理としては判断力の障害より、自我境界機能の障害のほうが重篤**と考えます。

"会議で上司の話を遮って発言する"という例②と同じ行動でも、日頃から上司や社員と良好な関係を築いていて大きな問題も生じないのなら、判断力は保たれていると言えます。また、"上司・社員と良好な関係を築いている事実があるのに、会議で発言を求められても一切話せない"のように、判断力の障害で適切な行動が抑制される場合もあります。

〈現実検討力の評価〉

（1）自我境界機能と（2）自己行動に関する判断力がいろいろな場面でどれくらい保たれているか検討・評価する。

〈評価基準の目安〉

±	いろいろな場面で（1）（2）がおおよそ保たれており、一時的に低下してもそこから回復できる柔軟性がある
±〜干	いろいろな場面で（1）は保たれているが、（2）の機能が一時的に落ちやすい
干	いろいろな場面で（1）（2）が不安定で、一時的に機能しなくなることが起こりやすい
一	いろいろな場面で（1）（2）がほぼ機能していない状態で、回復も難しい

このように、（1）と（2）の各評価に基づいて現実検討力を評価する。それを簡潔に示すと表6のようになる。

表6　現実検討力の評価

(1) 自我境界機能	保たれている		不安定	ほぼ機能 していない
(2) 自己行動に関する 判断力	保たれている	不安定		
現実検討力の評価	±	±〜干	干	−

〈評価のコツ〉

・病理として、(1) の障害のほうが (2) の障害より重篤なので、まず (1) から検討する。(1) が不安定なら「現実検討力」は［干］以下と評価できる。(1) が保たれている場合、続いて (2) を検討する。

・現実検討力の評価が［干］以下なら、3.感情の調整、4.対象関係、5.アイデンティティも、［干］以下と考えられる。

〈面接中の注目ポイント〉

・初対面の面接者への態度に注目する。

ⅰ）自分の体験をわかりやすい言葉で客観的に説明できる場合

　　→面接者は他者であり、自分の体験は主観的なものと認識できていると考えられることから、自我境界機能は［保たれている］と評価できる。

ⅱ）自分の体験についての事実関係をわかりにくく説明する（「言わなくてもわかってもらえる」と信じている）場合や、家庭内の秘密や性的体験などを明け透けに話す場合

　　→面接者を自分の延長であるかのように認識している（自他の区別が曖昧）と考えられることから、現実検討力は［±〜干］以下と評価できる。

ステップ 1 情報収集

ステップ 2 情報整理

ステップ 3 評価

ステップ 4 潜在的な課題の探索

ステップ 5 受理判断

ステップ 6 フィードバック

「5つの視点」 2.現実検討力

想定事例の知的能力を［平均］以上と評価したので、次は現実検討力の評価を選び、空欄にその根拠も書いてみましょう。記入が終わったら、次の解説・記入例へと進んでください。

◆評価ワークシート

2. 現実検討力 (1) 自我境界機能と (2) 自己行動に関す 　　る判断力 ※ (1) → (2) の順に 　　評価	［　±　・　±〜干　・　干　・　－　］

◆解説

　玉瀬さんは、自分が何に困って相談に来たのか、日常生活で何が起こっているのかについて、面接者におおよそ客観的に説明できています。これは"自"と"他"が区別されている証拠です。このことから玉瀬さんの（1）自我境界機能は全般的におおよそ［保たれている］と考えられます。次に、（2）自己行動に関する判断力の検討に移ります。

　初回面接の記録を見ると、面接調査段階の冒頭で、玉瀬さんは面接者から申し込み経緯を尋ねられて次のように答えています。

　　〔☞ p.37〕「あの、ストレスというか、今の仕事を続けていくか迷っていて…やる気が出ないというか、最近は遅刻や欠勤が増えていて、これからの不安もあって、カウンセリングを受けたほうがいいかなと思って」

　この語りからは、自身の心身の状態、仕事に出ている影響などを自覚し、それを何とかしようと思って相談に来たことがわかります〔☞情報整理ワーク1.（2）

（p.47）および4.(1)（p.63）〕。つまり、自分の立場・置かれた状況などを客観的に把握し、それを放置するのは良くなさそうだとの見通しを持ち、それに見合った態度・行動をとることができています。

　一方、後半部分で食事について確認された際、それまで自ら語らなかった食べ吐き行為について、次のように「さらりと」語っています。

　　　〔☞p.41〕「食欲は、普段は普通ですけど、たまにたくさん食べちゃって、そのあと吐くこともあります」

　面接者はこの語り方から、本人にはこの食べ吐きが問題として自覚されていないのではないかと推測し、その後にいくつか質問を重ねていきます。しかし最後まで、食べ吐きが問題であるという話（食べ吐きという行動の問題点に適切に気づいている話）は玉瀬さんの口から出ませんでした〔☞情報整理ワーク2.(4)（p.55）および4.(2)（p.64）〕。

　これらのことから、(2) 自己行動に関する判断力は、おおよそ保たれているものの一時的に揺らぐことがある、すなわち［不安定］と判断できます。

　以上の(1)と(2)の検討から、現実検討力は［±〜干］と評価できます。

◆記入例

2. **現実検討力** (1) 自我境界機能と (2) 自己行動に関す る判断力 ※ (1) → (2) の順に 評価	［　± ・ (±〜干) ・ 干 ・ － ］ ・面接者の質問の意図を理解し、自分の体験をおおむね客観的に伝えている。 　→ (1) 自我境界機能は、全般的におおよそ保たれている。 ・やる気が出ないこと・これからの自分への不安について問題意識を感じ、相談できる場所を自発的に探し来談している。その一方で、長年にわたる食べ吐きへの問題意識は低い。 　→ (2) 自己行動に関する判断力は、おおよそ保たれているものの一時的に機能が落ちることがある。 →自我境界機能はおおよそ保たれているが、自己行動に関する判断力は一時的に機能しなくなると思われる。

ステップ
1
情報収集

ステップ
2
情報整理

ステップ
3
評価

ステップ
4
潜在的な課題の探索

ステップ
5
受理判断

ステップ
6
フィードバック

1つめの〈自我境界機能〉は理解できました。しかし、2つめの〈自己行動に関する判断力〉は、1.知的能力で検討した〈状況判断力〉とどう違うのでしょうか。同じ"判断力"とついているせいか、講義内容だけでは違いがよくわかりませんでした。

◆◆◆

たしかに、厳密に区別しようとすると難しいかもしれません。図3の「5つの視点」の関係性に戻ってみましょう〔☞p.69〕。1.知的能力は、他の4つの視点の土台となる部分にあります。つまり、1.知的能力が"境界線"や"低い"と評価された時点で、2.現実検討力もあまり期待できないわけです。

一方、1.知的能力が［平均］以上であっても（つまり〈状況判断力〉が保たれていても）、2.現実検討力の〈自己行動に関する判断力〉が不安定である場合があり、講義内容では「この機能が弱い例」が挙げられていました〔☞p.75〕。

ただし、ここは厳密に区別するよりも、重なり合うものだと考えてよいでしょう。本書を通して繰り返しお伝えしている連続性の原理の考え方がここでも働いていて、本書の解説はあくまで理解しやすくするために、あえて小項目に細分化しているからです。

現実検討力というのは心の機能の根幹に位置しているので、その働きが一時的に揺らぐことがある場合と、常に不安定で揺らいでいる（精神病的な）場合とでは、大きな差があります。

玉瀬さんの場合、常に現実検討が不安定というわけではないですね。これは、病的な心よりも健康的な心が優勢であることの証拠です。

病的な心とは「欲求や衝動に支配され、快か不快かだけで動き、合理的な思考や判断が失われた心」で、健康的な心とは「社会場面などの現実状況をよく観察し、病的な心の働きを修正したりコントロールしたりする心」のことでしたね。欲求や衝動に支配されて合理的な思考や適切な状況判断ができないときに、それが知的能力の低さからきているのか、知的能力は保たれているけど現実検討力や判断力（judgement）の問題からきているのか評価することが大切になります。

ステップ
1
情報収集

ステップ
2
情報整理

ステップ
3
評価

ステップ
4
潜在的な課題の探索

ステップ
5
受理判断

ステップ
6
フィードバック

> **よくある質問**

想定事例とは関係ないのですが、ワークをしながら、「現実検討力が保たれている」「適応的・健康的である」ならば、評価を示す記号は［±］でなく［＋］でもいいように思ったのですが、なぜ［±］なのでしょうか。

◆◆◆

この点も**連続性の原理**の考え方に基づいています。この考え方では、健康的な心の働きを「不調時やストレス状況下で、心の働きが一時的に弱まって不安定になっても、そこから回復し、再び安定性を取り戻せること」と捉えます。つまり、「常に安定」ではなく、「波や揺れ動きがありながらもおおよそ何とかなっている心の働き」を表すために、［＋］ではなく［±］で示しているのです。

3. 感情の調整

感情の調整は、欲動・衝動・情動・情緒・感情（以下、まとめて「感情」と表記します）を自覚して、状況に応じて適度にコントロールする心の機能・能力[*3]です。

この感情の調整機能が保たれている人は、自覚すると不都合な感情（怒り、憎しみ、悲しみなど）が内面に湧いたとき、その感情を状況に応じて心の奥に一旦抑え込みます。そして、平静で安定した態度を保ったり、自覚・表現しても差しつかえないように加工・変形したりします（この一連の加工・変形のパターンが**防衛機制**[*4]です）。

> 例①
> 不安・緊張などの感情を適度に抑え込めず（調整できず）、普段から動揺しやすく生活に支障が出る。さらに、感情を適切に調整できないことで、しがみつき・過食・自傷行為などの衝動行為が見られる（これらは**ボーダーライン心性**〔☞p.103〕に特徴的な行為と考えられている）。

———

＊3 他のテキストなどで「衝動（情緒）コントロール」と表記されるものとほぼ同義ですが、ここではより日常に近い表現を考えて「感情の調整」としています。

＊4 自覚すると不都合な感情を抑え込む心の働きは「抑圧」と呼ばれる防衛機制です。

例②

感情を抑え込み過ぎて、何も感じられないことも感情の調整の悪さと言える。そのように抑え込まれた無自覚的な感情が、身体症状や問題行動へ置き換わることもある。

//

〈感情の調整の評価〉

　感情を自覚して、状況・条件に応じて適切に調整する機能・能力がどれくらい保たれているか検討・評価する。

〈評価基準の目安〉

±	上記の機能・能力がおおよそ保たれており、内面に湧いた感情の動きを自覚でき、感情の抑え込みの操作も意識的にできている（＝感情を適度に調整し処理できている）。
干	上記の機能・能力が不安定であり、内面に湧いた感情の自覚が乏しかったり、感情の抑え込みに気づいていなかったりする。その結果、感情の爆発的な表現（リストカットや過食嘔吐など）や過剰な抑え込みなど、状況に見合わない感情の処理になりやすい。
干〜−	上記の機能・能力が非常に不安定で、感情を抑え込めるほどに心の機能が発達していない。そのため内面の感情を「良いものは 100％良い、悪いものは 100％悪い（all good/ all bad）」と両極端な状態でしか体験できない[*5]。その結果、周囲を巻き込んだトラブルを起こしやすい。
−	上記の機能・能力がほぼ保たれず、感情体験自体が漠然としていて、生々しい感情の垂れ流しになってしまう（感情を自覚したり検討したりする機能が極端に乏しい）。その状態からの回復も大変難しい。

〈評価のコツ〉

　・感情の自覚の程度と振る舞いとの関係に注目すると評価しやすい。

〈面接中の注目ポイント〉

　・立ち居振る舞いや、「語る内容」と「語る態度（形式）」とのズレに注目する。

[*5]　これはアンビバレンスを体験できないときに起こるもので、「分裂（splitting）」と呼ばれるとても未熟な（原始的な）防衛機制です。

ⅰ）「心理面接場面に緊張しつつも、礼節を保って応答する」「つらい出来事を、その内容に見合った情緒や態度を伴って話す」などの場合

→感情を自覚し状況に見合った態度を取れていると考えられるため、［±］と評価できる。感情の自覚・調整が一時的に不安定になっても、おおよそ自覚・調整できていれば健康的と言える。

ⅱ）「心理面接場面での緊張を自覚できず、過剰に硬い態度になる」「過剰に丁寧に応答する一方で、遅刻やキャンセルが見られる」「つらい出来事を他人事のように淡々と話す、あるいは誇張して大袈裟に話す」などの場合

→感情を適度に自覚できず、状況に見合わない態度・行動となっていると考えられるため、［∓］と評価できる。これらの態度について、後から感情を自覚して面接中に態度を修正したり衝動行為や身体症状を収められたりするなら［±］と考えられる。

ⅲ）面接者に対して「なんて素晴らしい先生でしょう！ 出会えたことに心から感謝いたします」など100％肯定的に評価する、あるいは「私の気持ちを理解できないなんて、それでも心理カウンセラーなんですか？」など100％否定的に評価するなどの場合

→その時々の感情状態に支配された態度を取っていると考えられるため、［∓〜ー］と評価できる。

ⅳ）「心理面接場面への緊張から、席についていることもできずに立ち歩いてしまう」「唐突に泣き崩れ、話がまとまらない」などの場合

→感情を漠然と体験して感情の垂れ流しのような態度を取っていると考えられるため、［ー］と評価できる。

評価ワーク

「5つの視点」 3.感情の調整

想定事例の感情の調整を評価してみましょう。ここまでの評価で、玉瀬さんはこの感情の調整に課題がある可能性がたびたび浮上していた点にも気をつけてみてください。評価の選択とその根拠の記入が終わったら、次の解説・記入例へと進んでください。

ステップ
1
情報収集

ステップ
2
情報整理

ステップ
3
評価

ステップ
4
潜在的な課題の探索

ステップ
5
受理判断

ステップ
6
フィードバック

◆評価ワークシート

3. 感情の調整 感情を自覚して、状況に応じて適度にコントロールする心の機能	[　±　・　干　・　干〜ー　・　ー　]

◆解説

・初回面接で、玉瀬さんが不満として語ったエピソードを拾ってみると、留学に必要な追試験の連絡が大学からなかったことについて「学生をばかにしてる」と腹を立てたり、補佐という立場での仕事に対して、自分の業績が上司に横取りされたと訴えたりしていました〔☞情報整理ワーク4.(1)(p.63)〕。

　→ここから推測できるのは、玉瀬さんは、自分の希望が叶えられない・自分が十分に評価されないなどの不満や怒りが生じたときに、それを状況に応じて適度に調整するより、被害的になりやすい(相手を悪者にして感情を処理しやすい)ということです。

・高校時代からフランス文学に興味を持ち、実際に大学ではフランス文学を専攻し、将来的にフランス語を活かした職業に就くためにと留学を目指しますが、体調不良で重要な試験を受けられなかったことで、その留学自体をいとも簡単にあきらめてしまいました。社会人になってからは、就職直後はやりがいのあった仕事を、「ものすごく忙しい部署で、めまいとか吐き気で、休職した」と語っていました〔☞情報整理ワーク2.(pp.50-56)〕。

　→ここから推測できるのは、頑張ろうとすると体調不良になる傾向で、この背景に自覚しにくい不安や緊張がありそうだということです。

・セッション冒頭では過度なまでに礼儀正しく遠慮深かった玉瀬さんですが、共感的に話を聴いてくれる面接者に対して面接半ばにはくだけた雰囲気となり、語りも饒舌で、「〜ですよね」「〜じゃないですか」など同意を求める口調が増えてきました。さらに、大学時代の話で試験と留学の関係がわかりにくく、会社の話で上司にまつわる事実関係もわかりにくい上に、ところどころで話が唐突に飛び、事実関係が不明確になっています〔☞情報整理ワーク4.(3)(pp.65-66)〕。

　→ここから推測できるのは、感情状態によって態度が変わりやすいことです。つまり、安心やリラックスといった感情が生じることによって緊張が緩み、

初対面の面接者に対して気安い態度になったり、相手が第三者であることを一時的に忘れたような話しぶりになったりと、状況に合わない態度が生じています。

・上司にサポートしてもらえなかったことを他人事のように語ったり、"食べ吐き（過食嘔吐）"という衝動行為の話をあっけらかんと語ったりと、語りの「内容」と「態度（形式）」に不一致が見られました〔☞情報整理ワーク4.（2）（pp.64-65）〕。

→ここから推測できるのは、上司に対する不満や怒り、食べ吐きという衝動行為の背景にある不安・緊張などの感情を自覚できていないことです。

　以上から、感情の調整は、感情を自覚・調整する機能が不安定であり、内面に湧いた感情や、感情の抑え込みに気づいていない、つまり［干］と言えるでしょう。

◆記入例

3. 感情の調整 感情を自覚して、状況に応じて適度にコントロールする心の機能	［ 土 ・ ⓸干 ・ 干〜ー ・ ー ］ ・希望が叶えられない・評価されないときに被害的になりやすい。 ・頑張ろうとすると体調不良になる傾向があり、その背景には不安や緊張があることが考えられる。 ・面接開始時はきちんとしようという姿勢で話していたが、面接が進むにつれて、くだけた口調になり、話が唐突にとんだり、事実関係が不明確になる。 ・高3から食べ吐きという衝動行為が続いているが問題意識を持っていない。 →感情を自覚・調整する機能が不安定、内面に湧いた感情に自覚がなかったり、感情の抑え込みに気づいていなかったりすると思われる。

よくある質問

感情の調整の評価を［干］にするか［干〜ー］にするかで迷いました。例えば、会社の上司に対する良い評価が、ある時期に悪い評価に一変しました。こういうところは極端なところかなと思います。他にもいくつか同様のところがあるので、［干］

よりも低い評価になるのかなと迷いました。また、講義内容の〈評価基準の目安〉では［干〜−］の脚注説明に「分裂（splitting）」という用語が出てきました。それについてもう少し教えてください。

◆◆◆

［干］か［干〜−］かで迷う点について言えば、玉瀬さんは部分的に分裂（splitting）的なものがあっても、全体的には対人トラブルまでには至らず、他人を巻き込むほどのトラブルになっていないという点に注目してください。あくまで感情の調整の問題として、時々調整がうまくいかなくなるのだと考えられます。むしろ、玉瀬さんは感情を抑え込むことが多すぎて身体化することのほうが目立っています。そしてそのことに本人も気づいていないのです。

さて、「分裂（splitting）」は、未熟で原始的な防衛機制であるとご説明しました〔☞ p.82脚注〕。これは赤ちゃんが苦痛から逃れるために、空想上で苦痛やその原因を自分から切り離して（split）相手に投げ込むという、いわば生き残るための生得的な対処法と考えられるものです。そのような場当たり的な対処法は赤ちゃんの一時しのぎには有効ですが、成人が日常的に用いると社会生活に影響を及ぼします。玉瀬さんの場合はそこまでではありませんでした。

ここで、もう少し防衛機制の評価レベルと、身体化の仕組みの話をしましょう。健康的な心の状態、すなわち［±］と評価できる状態とは、感情が"意識"という舞台の上で自由に動き回り、自分自身が観客の目線でその感情の動きを観察できる状態です。ただし、感情の中には、強い怒り・憎しみ・悲しみのように、見る・感じるのが困難なものもあります。健康的な心には、そうした一部の感情を"意識"の舞台の外側に押し出して見えなくすることがあります。この感情の閉め出し・抑え込みが「抑圧」という防衛機制で、健康度の高い人はよく用います。

一方、［干］と評価される状態は、感情の閉め出し・抑え込みが過剰になった状態です。すると、本人もその感情がまったく見えないということが起こります。玉瀬さんがそうでしたね。このように、"意識"の舞台の外（見えない場所・無意識の領域）に強く押し出された感情は、出口を求めて必死になります。そして、身体症状という出口から現れることが"身体化"です。さらに、身体化という出口も見つけられずに感情がどんどん溜まっていくと、一気に暴発して"自傷"や"過食嘔吐"といった自分の身体を傷つける行動となって表に現れることもあります。ここまでが［干］と評価できる状態です。

［干〜−］は「感情を抑え込めるほどに心の機能が発達していない」状態でしたね。見る・感じるのが困難だけど抑え込めもしない感情はどうするかといえば、先ほど

の「分裂 (splitting)」を使って自分から切り離すことになります。このように見てくると、［干］と［干～－］との間には、大きな溝があることが少しイメージしやすくなるでしょうか。

4. 対象関係

対象関係は、他者と適切な距離を保ち、柔軟に関わり、成熟して安定した関係を持つことができる機能・能力のことです。

ちなみに、「対人関係」ではなく「対象関係」と呼ぶのは、実際の他者との関係に加え、自分の中で思い描く他者のイメージ（**対象表象**[*6]）との関係も含めて理解するからです。

> 例①
> 相手と実際に関わる中で、自分が相手に抱いていたイメージ（その相手への対象表象）と異なる態度・反応を示されると、「裏切られた！」と相手に怒りや傷つきを表現してしまう。さらに機能が低下すると、相手に対して少しでも敵意や憎しみが湧いたら、もうそれまでの友好的な関係を維持できなくなってしまう。

この例①は心に抱く相手のイメージ（対象表象）が**固定的**です。つまり、過度に理想化したイメージを相手に抱いており、そのイメージどおりでない相手の態度や評価に出会うとそれを受け入れられず、途端に相手のイメージがすべて悪いものになっています[*7]。

対象関係の機能が保たれている人は、心に抱く相手のイメージ（対象表象）が**柔軟**です。相手が自分のイメージと違う態度・反応を取っても、「相手には自分が知らない側面・苦手に感じる側面も当然あるだろう」と理解でき、「相手にはそういう一面もあるのか」と心の中の相手のイメージを修正できます。そのため、実際の対人関係でも安定し、一貫した友好的な関わりを保ちやすくなります。

[*6] 対象表象とは、他者と関わるときに「自分が○○したら、その人は△△と受け取るかな」と想像したり、思い浮かべたりするときの他者イメージのことです。

[*7] これは「感情の調整」で触れた「分裂 (splitting)」の対象関係での現れと考えられます。相手の良い側面は「過度に素晴らしい対象表象」、悪い側面は「極端にひどい対象表象」とみなし、良い側面と悪い側面を相手の中に統一できず、相手との間でもスプリットした関係を繰り返すので、人々を巻き込んだトラブルを起こしやすくなるのです。

ステップ 1 情報収集
ステップ 2 情報整理
ステップ 3 評価
ステップ 4 潜在的な課題の探索
ステップ 5 受理判断
ステップ 6 フィードバック

例②
信頼・依存する相手が物理的に目の前からいなくなると、まるでその相手が失われてしまったかのように強い不安や恐怖を抱く。

対象関係の機能が保たれている人は、信頼・依存する相手のイメージを心の中に保ち続け、その人がその場にいなくても安心感を抱くことができます（**対象恒常性**）。例②はそれが難しく、**見捨てられ不安**を抱いています。

〈対象関係の評価〉
他者との関係において、適切な距離を保ちながら相互交流的に関わり、柔軟に対応でき、安定し一貫した関わりを保つ機能・能力が、どれくらい保たれているか検討・評価する。

〈評価基準の目安〉

±	上記の機能・能力がおおよそ保たれ、安定し柔軟性のある関わりを対象との間で持てる。
∓	上記の機能・能力が不安定で、他者への評価が反転しやすく、関係も揺れ動きやすい。
−	上記の機能・能力がほぼ保たれておらず、他者の言動を曲解したり、ほぼ常に被害的に理解したりするなど、安定した交流ができない。

〈評価のコツ〉
・他者との関係についての語りや、実際の対人関係（他者との関係）から評価できる。

〈面接中の注目ポイント〉
・面接者に対する態度・振る舞いに注目する。
ⅰ）「話の内容を確認するための質問をされるなど、面接者の不理解や不一致が生じても、それに対して冷静に応答する」「遅刻やキャンセルに対して、理由を説明して謝る」などの場合
　→面接者と適切な距離を保ちながら、相互交流的に関わり、柔軟に対応でき、安定し一貫した関わりを保てていると考えられるため、［±］と評価できる。
ⅱ）「面接者が共感的に傾聴し続けている間は協力的な態度で話すが、面接者から内容

を確認する質問をされると、急に"そんなこともわからないんですか？"と腹を立てる」「遅刻やキャンセルを一応謝るが、その理由に関する十分な説明をせず、すぐに自分の話を始める」「面接中は丁寧に振る舞うが、受付の事務員には横柄な態度だったりする」などの場合

→他者への評価が反転しやすく関係も揺れ動きやすいことや、自分の欲求・願望が他者との関係より優先されやすいことが考えられるため、［∓］と評価できる。

→さらに、こうした関係性がどんな対象との間でも起こったり、常に被害的であったりするなら、［－］の評価も考えられる。

　先述のように、面接室以外の態度・振る舞いも観察すると、有用な情報が得られることがよくある。

ステップ
1
情報収集

ステップ
2
情報整理

ステップ
3
評価

ステップ
4
潜在的な課題の探索

ステップ
5
受理判断

ステップ
6
フィードバック

評価ワーク

「5つの視点」　4.対象関係

 想定事例の対象関係を評価してみましょう。評価の選択とその根拠の記入が終わったら、次の解説・記入例へと進んでください。

◆評価ワークシート

4. 対象関係 他者との関係において、適切な距離を保ちながら相互交流的に関わり、柔軟に対応し、一貫した関わりを保つ機能	［　±　・　∓　・　－　］

◆解説

　〈評価のコツ〉で、対象関係は「他者との関係についての語りや、実際の対人関

89

係（他者との関係）から評価できる」と説明しました。そこで、まず「他者との関係についての語り」から評価を検討してみましょう。

・他者との関係についての語りからの評価

　情報整理ワーク3.（3）生い立ちの箇所〔☞p.60〕に、玉瀬さんのこれまでの人間関係がまとめてありましたね。もう少し詳しく見るために、面接者が玉瀬さんの人間関係を確認しているやりとりを、初回面接の記録からもう一度見てみます。

　〔☞p.39〕〈大学以前で、うまくいかなかったことなどはありましたか？〉と焦点づけると、「それ以前は特に…」と考え、「**高校の部活を半年くらいでやめたことくらいかな…。**」（中略）
　話を部活をやめたことに戻すと、「**中学と比べると高校は雰囲気が合わないというか…。なじめないっていうか…。けっこう勉強ができて活発な人が多くて、**その時その時で仲良くした子はいたけど、あんまり**気の合う人もいませんでしたね。先生も放任だし**」〈中学時代はどうでしたか？〉「部活の友達とは今も連絡とりあったりしてて、一番充実してました。中学もバドミントン部で、**部長とかやったりしたんですけど、成績もそこそこ良かったし。**高校と比べて、**中学は優しくていい先生が多かったなー**」〈小学校時代？〉「そんなに目立つタイプではないけど、**クラス委員とかを任されることが多かったです**」〈友人関係？〉「おとなしめの子と仲がいいというか、面倒みてあげてて、長女だからですかね」。幼少期について、どんな子だったかや印象に残っている記憶について聞くと、「親からも先生からも**"いい子"って思われてた**と思います。食が細かったけど、それ以外には**手のかからない子だったみたいです**」。（以下、略）

　太字部分に注目するとよくわかりますが、玉瀬さんは小学校・中学校は良い時期で、高校以降はうまくいかなかったと感じているようです。小学校ではクラス委員を任され、おとなしめの子の面倒をみて、中学校ではバドミントン部の部長をやって成績も良いなど、長らく「手のかからない、いい子」でいられたようです。このことからは、環境・他者から自分の期待や理想（対象表象）どおりに評価されている場合は、安定した関わりが取れていると考えられます。
　一方、高校になると、勉強ができる子や活発な子が他にも大勢いたため、玉瀬さんは目立たなくなってしまったかもしれません。もしそうなら、周囲から評価

90

される機会も少なくなったことでしょう。

　さらに、上記の事例の抜粋には含まれていませんが、社会人になってからは、自分の望んでいない仕事になると遅刻や休みが生じ、異性関係では、嫌だと思うと自分から関係を早々に切ってしまっています。このことからは、環境・他者から自分の期待や理想（対象表象）とは異なる評価をされると、やる気や興味を失ってしまって環境・他者との不適合が生じたり、環境・他者に対する評価や認識ががらりと変わったりすることが考えられます。

・実際の対人関係（他者との関係）からの評価

　玉瀬さんは、面接開始時は「面接者に最も距離が近い位置に背筋を伸ばして座り（中略）きちんとしようという姿勢」が見られますが〔☞p.36〕、面接が進むと「面接開始時よりもくだけた雰囲気で（中略）同意を求めるような口調が増え」ています〔☞p.38〕。ただし、面接終了時には「どこか取って付けたような言い方」が気になるものの、面接開始時のような礼節を取り戻しています〔☞p.41〕。このように面接者との関係の取り方に変化は見られますが、先輩や上司に対するような評価の反転は見られず、一貫し安定した関わりをおおよそ保てていると言えます。

　一方、10分遅れで到着したことについて、「遅れてすみません」と会釈する様子は見られますが、それ以上に遅刻の理由を説明する様子は見られません〔☞p.36〕。また、大学の相談室の利用もストレスが重なったときに2～3回で、継続的な相談関係にはならなかったようです〔☞p.39〕。これらのことからは、他者に配慮して関係を安定・維持させることより、"とにかく話を聴いてほしい、相談に乗ってほしい！"と、その時々の自分の欲求や願望を満たすことが優先されやすく、他者との関係の持続性・安定性を保つことが難しいと推察されます[*8]。

　以上のことから、玉瀬さんの対象関係は総じて不安定であり、他者への評価が反転しやすく関係も揺れ動きやすいと考えられ、［干］と評価できます。

＊8　こうした傾向が強い場合、継続面接の過程で自分自身の向き合いにくいテーマ・話題が挙がると、面接に来なくなる可能性も高いので、この人に合った心理支援を考える際の注意点になります。

ステップ
1
情報収集

ステップ
2
情報整理

ステップ
3
評価

ステップ
4
潜在的な課題の探索

ステップ
5
受理判断

ステップ
6
フィードバック

4. 対象関係 他者との関係において、適切な距離を保ちながら相互交流的に関わり、柔軟に対応し、一貫した関わりを保つ機能	[± ・ (干) ・ －] ・環境・他者が、自分の期待や理想（対象表象）と一致し、自分を評価してくれる場合は、安定した関わりがとれる。 ・環境・他者が、自分の期待や理想（対象表象）と一致しなくなると、やる気や興味を失い、環境や他者との不適合が生じたり、主観的な捉え方になったりする。 →他者との関係は不安定であり、他者への評価が反転しやすく関係も揺れ動きやすいと思われる。

よくある質問

講義内容では"対人関係ではなく、対象関係と呼ぶ"という説明がされていました。なんとなく理解したつもりだったのですが、玉瀬さんの例で具体的に考えると、やっぱり対人関係とどう違うのだろうという疑問が湧いてきました。対象関係についてもう少し教えてください。

◆◆◆

世間一般で言ういわゆる"対人関係"は、"人間関係"とほぼ同義ですね。2人以上の人がいて、そこで生じる私的・社会的な関係のことを指します。ところで、そうした"対人関係・人間関係"がうまくいく人とうまくいかない人との違いはどこにあるのでしょう。実はそこに大きく影響しているのが"対象関係"です。

　講義の解説でも見ましたように、対象関係機能が保たれている人には**対象恒常性**ができあがっています。例えば、小さな子どもがお母さんにしかられて泣いたとします。悔しくて泣いたかもしれませんし、怖くて泣いたかもしれません。いずれにせよ、そのときに子どもは"いつもは優しいけれど、たまに怒ることもあるお母さん"に出会うわけですね。しかし、怒ったあとのお母さんはまたいつもの優しいお母さんに戻ります。これを繰り返していくと、その子の心の中に、"たまに怒ることもあるけれど、大抵の場合は優しいお母さん"とか"怒ったとしてもいつものお母さんと同じ"というお母さんイメージ（お母さんの対象表象）ができて、心に保持されるようになります。これが**対象恒常性**です。このような安定して一貫したお母さ

んイメージは、お母さん以外の人、すなわち"環境・他者"のイメージ（対象表象）にも広がっていき、人間関係がうまく営まれるのです。

　反対に、怒ったままぷいっといなくなってしまうお母さんだったり、いつもの優しいお母さんに全然戻らなかったりしたらどうでしょうか。"いつものお母さんと同じ"というイメージ、すなわち安定性・一貫性のある対象表象を心に築くことが難しくなると考えられますね。この繰り返しが後々の「見捨てられ不安」の起こりやすさなど、対象関係機能の弱さへとつながると考えられます。さらには、怒られて泣いたときの高ぶった感情状態の自分を慰めてくれる存在がいないと、その子は高ぶった感情の収め方を学べませんので、感情的に不安定な子どもになってしまうことも考えられます。

　ご質問に戻りますが、人間関係をよくする要素は、もちろん対象関係の機能が保たれていること、すなわち対象恒常性があることだけではありません。コミュニケーション・スキルやその人の雰囲気など、いろんな要素が関係するでしょう。それでも、よい人間関係を長く維持するためには、安定した対象関係機能が不可欠なのです。そのためにも他者との関係がどうであるかを詳しく聴取することが重要になります。

5. アイデンティティ

アイデンティティは次の3つの側面の感覚を含む機能・能力です。

一貫性（consistency）：過去から未来にわたって変化して、いろいろな側面を持つ自分や、何かに対して相反する考え・感情を持つ自分など、自分自身の多面性や矛盾に耐えつつ、自分は持続的に同じで、まとまりのある存在だという感覚。

斉一性（sameness）：周囲の他者や同年代の経験の本質的な部分を、自分も同じように共有しているという感覚。

所属感：他者・社会との関わりの中で、自分の役割や居場所を自分自身で安定して認められる感覚（所属する他者・社会からも同様に役割や居場所を認められていること）。

精神分析学者のエリク・エリクソン（Erikson, 1956）はこれら3つの側面について、一貫性と斉一性を「personal identity」という言葉で、所属感を「ego identity」という言葉で説明しています。前者は「個としてのまとまり」のこと、後者はその個としてのまとまりと「社会との関係性」のことを主に言っています。つまり、成人においては一貫性

ステップ
1
情報収集

ステップ
2
情報整理

ステップ
3
評価

ステップ
4
潜在的な課題の探索

ステップ
5
受理判断

ステップ
6
フィードバック

や斉一性が達成されていることが、所属感の達成の前提条件となります。

　以上をまとめると、「アイデンティティ」とは、**過去・現在・未来にわたり、心理的にも社会的にも、自分らしさについて一貫性やまとまりを保てる機能・能力**、あるいは、**自分の中に葛藤や自己矛盾を体験したり、いろいろな他者・社会との間で異なる自分を演じたりしても、自分としての一貫性やまとまりを保てる機能・能力**と言えます。

　このように、アイデンティティの機能・能力は、自分らしさ（自己イメージ）を一人の人物として**統合する機能・能力**を含むと考えられます。

　アイデンティティの機能が弱い例として、自分らしさの感覚がまとまらず、自己イメージが不安定な状態となることが挙げられます。エリクソンは、この状態を**アイデンティティ拡散**（identity diffusion）と呼び、さらにいくつかの例を挙げており、それを整理すると次のようになります。

一貫性に関するもの
- ・自分の能力の有限性や現実を否認した状態
- ・時間的見通しを失い、自分を赤ん坊あるいは老人のように感じる状態

斉一性に関するもの
- ・周囲の他者にまったく無関心で、自分の趣味などへの一面的な活動へ没入（勤勉さの喪失）した状態（一貫性にも関連）

所属感に関するもの
- ・「自分は〇〇だ」という社会的な自己選択を、回避あるいは際限なく延期した状態
- ・何でも暫定的なものとして体験し、深く関与しない状態（呑み込まれる不安）
- ・人との親密な関わりを拒否し、孤立した状態
- ・家族・社会などから望ましいとされる役割へ軽蔑や憎しみを抱いた状態（否定的同一性の選択）

　その他、「一貫性」の機能が弱い例として、職場で過重なストレスにさらされる状態が続く中、それまでの生活や自分自身に関する記憶をなくして失踪し、見知らぬ土地で新たな生活を始める**解離性遁走**などもあります。これは、記憶を自分から切り離すことで危機的なストレス状況を回避している状態と考えられます。ただし、自分で意図的にコントロールできないことが問題と言えます。なお、過重な心理的負荷による危機的状況に対して、普段はまとまって（統合されて）いる自分の知覚、思考、感情、記憶などの体験の一部を自分から切り離してやり過ごそうとすることを総称して**解離**と呼びます。

　アイデンティティの機能が保たれている人は、過重なストレス状態に置かれても自分

の中の知覚、思考、感情、記憶などを"1人の自分"としておおよそまとめて体験し、その体験・感覚を保ち続けられます。

〈アイデンティティの評価〉

　過去から未来にわたる時間軸の中で、また自分の内面および他者・周囲との関わりの中で、葛藤や自己矛盾を体験し、異なる価値観と出会っても、一貫し、まとまりのある自分らしさを保つ機能・能力が、どれくらい保たれているか検討・評価する。

〈評価基準の目安〉

±	上記の機能・能力が、おおよそ保たれており、自分らしさを保ち、社会に身を置けている。
∓	上記の機能・能力が、不安定で、アイデンティティ拡散のような状態が起こりやすい。
－	上記の機能・能力が、保たれておらず、一貫した自分らしさが見られず、アイデンティティ拡散状態からの回復も難しい。

　アイデンティティの評価は、一貫性・斉一性・所属感のそれぞれの評価結果から総合的に判断することが可能（表7）。

表7　アイデンティティの評価

一貫性の評価	保たれている		不安定	機能していない
斉一性の評価	保たれている	不安定		機能していない
所属感の評価	保たれている	不安定		機能していない
アイデンティティの評価	±	∓		－

〈評価のコツ〉

・自分らしさ（自己イメージ）の**一貫性・まとまりの程度**を評価する。

〈面接中の注目ポイント〉

・**一貫性の評価**：過去から未来にわたる異なる時期の自分について、自分自身の中の異なる感情や考えについて、どのように語るかに注目

ステップ 1 情報収集
ステップ 2 情報整理
ステップ 3 評価
ステップ 4 潜在的な課題の探索
ステップ 5 受理判断
ステップ 6 フィードバック

→過去から未来にわたる異なる時期の自分について、つながりや連続性をもって語れたり、自分自身の中に異なる感情や考えがあることを語れたりできるなら[保たれている]と評価できる。

→「多くの考えや感情があり過ぎて自分がまとまらない」と訴える場合も、自分の中の葛藤的な感情や矛盾する考えを“どれも自分のもの”と認められている意味で[保たれている]と評価できる。

→過去のある時期の話を詳細に語れない場合や、自分の中の矛盾する感情や考えを、その矛盾に自覚なく平然と語る場合などは、[不安定]以下を検討する。その際、実際には一貫性は保たれているものの、防衛としてそのように語っている（過去のある時期を語らない、矛盾に気づいていないように語る）こともあるので注意する。

・**斉一性の評価**：外見・態度・振る舞いや価値観・考え方などが、周囲の他者や同年代と見合っているかどうかに注目

　→周囲の他者や同年代の特質と比べて、相応であるなら[保たれている]、過剰にかけ離れたり異質であったりするなら[不安定]以下を検討する。

・**所属感の評価**：所属する組織について、自分の役割や居場所についてどのように語るかに注目

　→所属する組織における自分の役割や居場所に関する感覚が、安定しているようなら[保たれている]、安定せず揺れ動きやすかったり、1つの組織に安定的に所属することが難しかったりするならば、[不安定]以下を検討する。

　→本人の語り（主観的な体験）から理解・判断する場合は、実際（客観的な事実）はどうなのかにも注意を向ける。

評価ワーク

「5つの視点」　5.アイデンティティ

想定事例のアイデンティティを、所属感の3つに注目しながら評価してみましょう。評価の選択とその根拠の記入が終わったら次の解説・記入例へと進んでください。

◆評価ワークシート

5.アイデンティティ 一貫しまとまった自分、他者や同年代と本質的な特質を共有する自分の感覚を保ち、社会に役割や居場所を認められる機能	[± ・ ∓ ・ −]

◆解説

　まず一貫性から考えてみましょう。一貫性のごく身近な例としては、昨晩寝る前の自分と、今朝起きたときの自分が、同じ自分だと感じられることです。昨晩から今朝までの「私」という感覚の一貫性が保たれているからそう感じられるのです。それをもっと長いスパンで考えると、過去から未来にわたる「私」という感覚の一貫性となります。

　玉瀬さんは、高校時代にフランス文学に興味を持ち、大学でもフランス文学を専攻し、将来的にはフランス語を活かした職業に就くことも考えるなど、自分の興味あることに積極的に取り組んでいました〔☞情報整理ワーク3.(3) (p.60)〕。

　このことから、玉瀬さんは自分はフランス関連に興味を持ってやってきたのだという自覚があり、過去から未来への時間的な変遷の中で自分らしさを一貫して保っていると考えられます。つまり、一貫性はおおよそ [保たれている] と評価できます。

　次に斉一性はどうでしょうか。初回面接の記録の冒頭に次のような記載があります。

　　〔☞p.36〕ストレートの髪は少し茶色く、肩くらいまでの長さ。（中略）ブラウスにスカート、ナチュラルメイクと年齢相応の外見で、ブランド物のバッグが目立っている。

　外見はこの世代としても社会的にも違和感がなさそうです。この記載直後の、「…背筋を伸ばして座り、膝の上にバッグを置いてハンカチを取り出して手にする」という振る舞いも、やや緊張感はうかがえますが社会人として相応の立ち居

ステップ
1
情報収集

ステップ
2
情報整理

ステップ
3
評価

ステップ
4
潜在的な課題の探索

ステップ
5
受理判断

ステップ
6
フィードバック

振る舞いと言えます。このように、周囲の他者や同年代と相応の外見、価値観を共有していると考えられることから、斉一性はおおよそ保たれていると評価できるでしょう。

　3つめの所属感については、主訴として「仕事上のストレス」、つまり所属する会社でのストレスを抱いて相談室に来たと考えられる玉瀬さんの場合、少し丁寧に聴取したほうがよさそうです。このあたりは、「情報整理ワーク2.顕在的な主訴」で整理しましたね。ただ、もう少し詳しく見るために、初回面接の記録に戻って会社や仕事に関して述べている部分に注目してみましょう。

　　　〔☞p.37〕「今の仕事は自分が希望してるものではないんですよね…。なんか誰がやってもできる仕事というか、自分の得意なことを活かせないというか…。入社直後はやりがいもあったんです。ただ、ものすごく忙しい部署で、めまいとか吐き気で、休職したんです」

　このように、入社2年経ったところで3か月間休職し、復職後に部署異動しています。続いて、その異動先での上司との関係について、以下のように語っています。

　　　〔☞p.39〕「異動になったときに、上司にすごく気に入られて、仕事のやり方とかも順調に覚えて、評価されてたんです。自分が希望した仕事ではなかったけど、それはそれでやりがいがあるかなとか思ったりもしてました…。でも、(上司が)新人の子を担当するようになって…(以下、略)」

　上司から気に入られていると感じられているうちは、「自分が希望した仕事」でなくてもある程度のやりがいを持って取り組めていました。しかし上司の関心が新人に向いたことで、そのやりがいは急速に消失していきます〔☞情報整理ワーク2.(3)(p.53)〕。

　このように、会社の中での自分の役割や居場所に関する感覚が、自分の希望や上司からの評価や同僚との関係性によって変化することからは、所属感はやや不安定であると評価できます。

　上記の3点をまとめると、「所属感はやや不安定であるが、一貫性・斉一性はおおよそ保たれており、社会に身を置きながら自分らしさを保てている」となり、アイデンティティは[±]と評価できます。

◆記入例

5. アイデンティティ 一貫しまとまった自分、他者や同年代と本質的な特質を共有する自分の感覚を保ち、社会に役割や居場所を認められる機能	[⊕ ・ 干 ・ ー] ・一貫性：学びたい・働きたいこと（フランス語）を一貫して持った上で、自分自身で進路選択をしてきている。 ・斉一性：周囲の他者や同年代と相応の外見、価値観を共有している。 ・所属感：自分の希望した部署では、やりがいを感じて仕事に臨んでいた。会社の中での自分の役割や居場所に関する感覚が、自分の希望や上司からの評価や同僚との関係性によって変化する。 →所属感はやや不安定であるが、一貫性・斉一性はおおよそ保たれており、社会に身を置きながら自分らしさを保てている。

よくある質問

アイデンティティとは、自分が何者であるかという自分らしさを自覚していること、と習いました。ここで評価するアイデンティティは、そうしたアイデンティティ概念とは少し違うように感じたのですが…？　私は、両親が求める「いい子」を演じ続ける玉瀬さんは、アイデンティティを確立できていないと考えて［干］と評価したのですが、なぜ［±］となるのでしょうか。

◆◆◆

　たしかに一見すると、ここで評価しようとしているものは、いわゆる「アイデンティティ」とはやや異なるようにも見えますね。

　しかし、ご指摘にある「両親が求めるいい子を演じ続ける」という部分は、むしろ対象関係の問題として考えることができます。つまり、玉瀬さんは高校生のときから抱いていたフランスへの興味関心を仕事にも活かしたり、同性・同世代と感覚や経験を共有したりと、通常はアイデンティティの一貫性と斉一性がおおよそ保たれています。しかし、周囲との関係がうまくいかなくなると、「や〜めた！」となって、他者・社会との関係における自分の役割や居場所を急に感じられなくなってしまう、つまり所属感が揺らいでしまうところがあります。これが、他者への評価や関係が揺れ動きやすいという対象関係の問題と考えられるのです。ただし、そのと

ステップ 1 情報収集

ステップ 2 情報整理

ステップ 3 評価

ステップ 4 潜在的な課題の探索

ステップ 5 受理判断

ステップ 6 フィードバック

きに彼女の自分らしさのまとまりもなくなって、アイデンティティ全体がなくなるかというとそんなことはありませんね。

　さらに言えば、世の中には玉瀬さんのように親の意向に沿うという自分らしさを保って安定している人はいますし、親元で従順だった人が、結婚してからも伴侶に対して従順に生き続けるというのも珍しくありません。そうした人たちは、自らそのアイデンティティを選んでいるとも言えます。

　以上、個人のものの見方・考え方・感じ方・振る舞い方を評価する上で、本書が力動的アセスメントに最低限必要と考える「5つの視点」の評価について学びました。

　繰り返しになりますが、評価にあたっては連続性の原理による理解が大切です。ここでは便宜的に［±］から［−］などの3〜4段階で評価基準の目安を示していますが、当然ながら人の心は3〜4段階で明確に区分できるものではありません。臨床場面では、［±］と［∓］の間といった判断をせざるを得ない場合もあることに気をつけてください。

適応的な側面と不適応的な側面の整理とパーソナリティ構造の水準の評価

　ここでは、ここまで個別に評価してきた「5つの視点」を総合的に検討していきます。

1. 適応的な側面と不適応的な側面の整理

　心理臨床では、病的な側面だけでなく健康的な側面にも注目することが大切だと学びました〔☞補足：病的な心の働きと健康的な心の働き (p.74)〕。そこで、まず「5つの視点」の評価結果を、改めて適応的（健康的）な側面と不適応的（病的）な側面に整理します。この整理によって個人の適応的側面を明確にし、その人への心理支援の検討に役立てることができます。

適応的な側面と不適応的な側面の整理

想定事例について、「5つの視点」の評価結果が［平均以上］や［±］・［±〜∓］の場合は適応的な側面、評価結果が［境界線以下］や［∓］〜［−］の場合は不適応的な側面と分類してみましょう。記入が終わったら、次の解説・記入例へと進んでください。

◆**評価ワークシート**

適応的な側面	
不適応的な側面	

◆**解説**

・**適応的な側面**：評価結果が［平均以上］や［±］・［±〜∓］であったのは、1.知的能力、2.現実検討力、5.アイデンティティでした。そこで、これらの評価の根拠を整理して、ワークシートの「適応的な側面」の欄に書き込みます。

・**不適応的な側面**：評価結果が［∓］〜［−］であったのは、3.感情の調整と4.対象関係の2つでした。そこで、これらの評価の根拠をまとめたものを、ワークシートの「不適応的な側面」の欄に書き込みます。

→ここでの作業は、「5つの視点」の評価結果の単なる並べ替えのように感じられるかもしれません。しかし、適応的側面と不適応的側面から再整理した文章は、次の記入例のように個人のものの見方・考え方・感じ方・振る舞い方に関する報告書としても使えます。このとき、本書で便宜的に用いている［±］〜［−］の記号は、適切な言葉に置き換えましょう。

ステップ 1 情報収集

ステップ 2 情報整理

ステップ 3 評価

ステップ 4 潜在的な課題の探索

ステップ 5 受理判断

ステップ 6 フィードバック

適応的な側面	【知的能力】は、質問の意味と意図を理解し、礼儀や敬語の適切な使用などの社会性が保たれていること、公立高校から大学に進学し4年間で卒業・就職できていることから、平均的と言える。 【現実検討力】については、自己行動に関する判断力で、長年にわたる食べ吐きへの問題意識が低く、一時的に機能しなくなることもあるが、現在およびこれからの自分に問題意識を感じ、自ら相談を申し込んできていることから、おおよそ保たれていると言える。自我境界機能も、質問の意図を理解し、自分の体験をおおむね客観的に伝えており、おおよそ保たれていると考えられる。 【アイデンティティ】については、自分の希望しない部署では遅刻や欠勤が増えるなど、所属感はやや不安定である。しかし、興味を持って学んだフランス語を、進路選択にも活かして継続的に携わっており、周囲の他者や同年代と相応の外見、価値観も共有していることから、一貫性・斉一性はおおよそ保たれていると考えられる。
不適応的な側面	【感情の調整】については、高3から続く食べ吐きへの問題意識が低いこと、頑張ろうとすると体調不良になる傾向、希望が叶えられないときに被害的になりやすい傾向などが見られることから、不安定で、内面に湧いた感情に自覚がなかったり、感情の抑え込みに気づいていなかったりすると考えられる。また、面接では話が進むにつれてくだけた口調になり、話が唐突にとぶ・事実関係が不明確になる様子も見られた。 【対象関係】についても、他者や環境が自分の期待や理想と一致し自分を評価してくれる場合は安定した関わりがとれるが、一致しなくなるとやる気や興味を失ったり、他者への評価が反転したりしやすいことから、他者との関係は不安定で、関係が揺れ動きやすいと考えられる。例えば、上司との関係において、サポート・評価されているときにはやりがいを持って仕事に臨むが、新人が加入すると、それらを得られなくなったように感じて上司への不信感・被害感を募らせる様子が見られる。

2. パーソナリティ構造の水準 (病態水準) の評価

次に「5つの視点」のそれぞれの評価結果から、パーソナリティ構造の水準 (病態水準) を評価します。

その前に、パーソナリティ構造の水準 (病態水準) について補足しておきます。

【補足】「パーソナリティ構造」および「病態水準」とは

精神医学では歴史的にみると、比較的軽症な「神経症」と、より病理的な「精神病」という大きな区分が元々ありました。その後、どちらへの区分も難しい一群の人々を指す「境界例（境界状態）」という概念が登場しました。

カーンバーグ（Kernberg, 1967）は、そうした人々を「症状パターンに特徴を持つ症候群」としてではなく、「そのような特徴の**パーソナリティの構造**を持つ人々」と捉えました。そして、自我心理学と対象関係論の統合を試みて、**境界パーソナリティ構造**の概念を生み出しました。さらに、カーンバーグは**パーソナリティ構造の水準**（**病態水準**）を3つに分類し、その評価のポイントとして、「現実検討能力」「防衛操作」「同一性統合度」（本書で言うところの「現実検討力」「感情の調整」「対象関係・アイデンティティ」に、それぞれ対応）を挙げています。

〈パーソナリティ構造の水準の3つの分類〉

ⅰ）**神経症パーソナリティ構造**（Neurotic Personality Organization: NPO）／**神経症水準**

現実状況を適切に把握したり、自分の欲動・感情を適度にコントロールして表現したりと、おおよそ安定した社会生活を送ることができるパーソナリティ。

ⅱ）**境界例パーソナリティ構造**（Borderline Personality Organization: BPO）／**境界例（ボーダーライン）水準**

他者に対する評価が「とても素晴らしい（all good）」から「すごく最低（all bad）」へと簡単に逆転するなどの非常に不安定で激しい対人関係、自傷行為・摂食障害・買い物依存などの衝動行為、激しい感情の浮き沈み、アイデンティティの混乱などが起こりやすいパーソナリティ。これらの対人関係、衝動行為、感情変動などは、境界例水準のパーソナリティ構造（境界パーソナリティ構造）の心のあり方「ボーダーライン心性」によるものとされる。境界例水準は、より健康度が高いhigherレベル、中間的なmiddleレベル、より病理が重いlowerレベルという3水準にさらに分けられる。

ⅲ）**精神病パーソナリティ構造**（Psychotic Personality Organization: PPO）／**精神病水準**

自我境界が不安定で空想と現実の区別が混乱するようなパーソナリティ。

ステップ 1 情報収集
ステップ 2 情報整理
ステップ 3 評価
ステップ 4 潜在的な課題の探索
ステップ 5 受理判断
ステップ 6 フィードバック

パーソナリティ構造の水準（病態水準）の評価は、「5つの視点」の評価を総合的に検討して行います。本書では、以下のワークシート（表8）を用います。見方としては、まず

ワークシートの「5つの視点」を横に見て評価をマークしていきます。次に、ワークシートを縦に見ていき、パーソナリティ構造を【A】〜【E】の水準に分類します。

表8 「5つの視点」の評価と「パーソナリティ構造の水準」の判断

5つの視点	評価				
1. 知的能力	平均以上				境界線以下
2. 現実検討力	±	±〜∓	∓	−	∓以下の評価と考えられる
3. 感情の調整	±	∓	∓〜−		
4. 対象関係	±	∓		−	
5. アイデンティティ	±	∓			
パーソナリティ構造の水準（病態水準）	【A】	【B】	【C】	【D】	【E】

【A】：全般的な機能がおおよそ保たれている。

　　　→健常者、NPOレベル（神経症水準のパーソナリティ構造）

【B】：情緒的なストレス・トラブルが起きた場合や、特定の他者との関係で、現実不適応が起こる。

　　　→BPO higherレベル（境界例水準のパーソナリティ構造の中でも健康度が高いレベル）

【C】：知的能力は保たれているのに、現実検討力が（自我境界機能も自己行動に関する判断力も）不安定で一時的に機能しなくなりやすい。

　　　→BPO middleレベル（境界例水準のパーソナリティ構造の中核的なレベル）、パーソナリティ障害

【D】：知的能力は保たれているのに、現実検討力が（自我境界機能も自己行動に関する判断力も）ほぼ機能しておらず、回復も難しい。

　　　→BPO lowerレベル（境界例水準のパーソナリティ構造の中でも病理が重いレベル）、病理の重いパーソナリティ障害、PPOレベル（精神病水準のパーソナリティ構造）

【E】：そもそもの知的能力の低さから、残りの4つの機能も［∓］以下と考えられる。

　パーソナリティ構造の水準（病態水準）で同じカテゴリーと判断されても、個人ごとに内省力などの資質や、心の課題に取り組むための準備状態は異なります。

評価ワーク

ステップ
1
情報収集

ステップ
2
情報整理

ステップ
3
評価

ステップ
4
潜在的な課題の探索

ステップ
5
受理判断

ステップ
6
フィードバック

パーソナリティ構造の水準（病態水準）の判断

ここでやることは、すでに実施した「5つの視点」の評価結果を、ワークシートに順にマークしていくことです。想定事例についてマークし、その結果を縦に見て、該当するパーソナリティ構造の水準（病態水準）を選択します。記入が終わったら、次の解説・記入例へと進んでください。

◆評価ワークシート

5つの視点	評価				
1.知的能力	平均以上				境界線以下
2.現実検討力	±	± ～ ∓	∓	－	∓以下の評価と考えられる
3.感情の調整	±	∓	∓ ～ －		
4.対象関係	±	∓		－	
5.アイデンティティ	±	∓			
パーソナリティ構造の水準（病態水準）	【A】	【B】	【C】	【D】	【E】

◆解説

　1.知的能力～5.アイデンティティまでの評価結果を単純にマークしていったものが、下記の記入例です。このマーク結果を下に見ていき、【A】～【E】で最も多く該当するものを探すと【B】ということになります。つまり、玉瀬さんの病態水準は、情緒的なストレス・トラブルが起きた場合や、特定の他者との関係で、現実不適応が起こる、**BPO higherレベル**と考えられます。

105

◆記入例

5つの視点	評価				
1.知的能力	平均以上				境界線以下
2.現実検討力	±	±〜∓	∓	−	∓以下の評価と考えられる
3.感情の調整	±	∓	∓〜−		
4.対象関係	±	∓		−	
5.アイデンティティ	±	∓			
パーソナリティ構造の水準（病態水準）	【A】	【B】	【C】	【D】	【E】

よくある質問

今回、パーソナリティ構造の水準が【A】から【E】に分類されることはわかりました。この分類について気になったのですが、発達障害を持っている人を評価する場合でも同じように評価できるのでしょうか？

◆◆◆

　　まず、発達障害の評価の軸と、パーソナリティ構造の水準の評価の軸は違うことを確認しましょう。

　発達障害とは、**生まれつきの脳の働き方の特性**により、特徴的なものの見方・考え方・感じ方・振る舞い方が見られる状態です。発達障害は生まれつきのものなので、これを評価するときには、ask的観点で生育歴について詳細に聴取することが必要になります。そして、ものの見方・考え方・感じ方・振る舞い方の特徴から、発達障害の分類を判断します。

　一方、パーソナリティ構造は、**個人の心の発達・成熟の程度**によって、ものの見方・考え方・感じ方・振る舞い方に違いが見られます。これを評価するときには、個人のものの見方・考え方・感じ方・振る舞い方が、どのような状況で、どのくらい適応的（健康的）、あるいは不適応的（病的）に働くのか、askとlistenの両方の観点から検討することが必要になります。その働き方から、パーソナリティ構造の**水準**

を判断します。

　ここで押さえておきたいポイントは、当たり前のことですが「発達障害の人にもパーソナリティはある」ということです。すなわち、その人の生まれつきの特性としての発達障害の有無や発達障害のタイプを判断する作業と、その個人の心の成熟の程度としてのパーソナリティ構造の水準を判断する作業の両方を行う必要があるのです。

　例えば、発達障害を持つ人でも、より健康度の高いパーソナリティ構造を持つ（ものの見方・考え方・感じ方・振る舞い方が適応的に働きやすい）人もいますし、発達障害的な特徴から対人関係上のトラブルを多く抱えて傷つき、心の成熟につまずきが生じて、精神病的なパーソナリティ構造の水準にある（空想と現実の区別が混乱しやすい）人もいます。

　ですから、ご質問に戻りますと、「発達障害を持っている人を評価する場合でも、同じようにパーソナリティ構造を評価できる」ということになります。さらに言えば、【B】と【C】の水準と評価された場合は、発達障害を持っている可能性（パーソナリティの課題というより、生まれつきの脳の働きの特性）も検討する視点が重要と言えます。

ステップ
1
情報収集

ステップ
2
情報整理

ステップ
3
評価

ステップ
4
潜在的な課題の探索

ステップ
5
受理判断

ステップ
6
フィードバック

ステップ

4

潜在的な
課題の探索

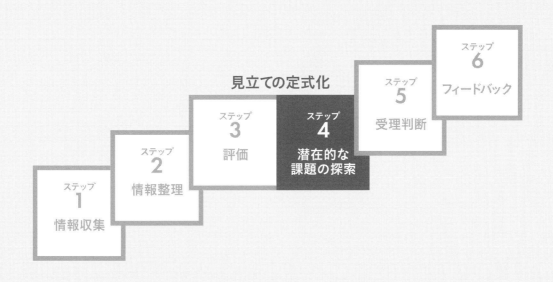

見立ての定式化

ステップ
1
情報収集

ステップ
2
情報整理

ステップ
3
評価

ステップ
4
潜在的な
課題の探索

ステップ
5
受理判断

ステップ
6
フィードバック

潜在的な課題とは

　ステップ1・2で顕在的な主訴について情報を収集・整理し、ステップ3でその背景にあるものの見方・考え方・感じ方・振る舞い方を評価しました。このステップ4は顕在的な主訴が生じた経緯や状況、個人にとっての意味の理解を目指します。

　本書では、**顕在的な主訴**（表面に現れた課題）の背景にある、個人にとっての特有の意味・苦しみ・生きにくさを、**潜在的な課題**と呼んでいます。これは、普段は意識していないけれどよく内省すると気づける（前意識的な）ものから、本人も気づいていない（無意識的な）ものまであり、力動的な立場では潜在的な課題を理解することがとても重要になります。なぜなら、面接者が問題や症状を「解決する」「治す」のではなく、その人自身が問題に「取り組む」「治る」ために自分の力を発揮できるようになることを目指しており、そのためには、その人自身がつらくて受け入れがたい感情や体験を発見し、その人にとっての意味を理解することが大切と考えるからです。たとえ同じ問題や症状であっても、置かれた状況や苦しみなどは人それぞれであり、個人にとっての意味や物語を見出していくこと、そして顕在化している問題や不適応にどうつながっているかを探索することが、寄り添った支援になると考えます。

　ただし、潜在的な課題は多くの場合、最初の数回の面接で必ずしも明確になるものではなく、継続的な面接を通して初めて見出されていきます。なぜなら、初期の段階のアセスメント面接では語られないこと、まだ本人も気づいていないこともあり得るためです。そのため、まずは**仮説としての潜在的な課題**を探ることが目的となります。

　本書においては、〈ステップ2 情報整理〉で整理した情報を参照し、潜在的な課題を理解する5つの探索ポイント、すなわち、**1.顕在的な主訴の反復、2.家族との課題・ライフサイクル上の課題、3.その人特有の体験の仕方、4.面接者との関係性、5.潜在的な課題の理解度・自覚の深さ**から探索していきます（表9）。

　ここでは**ask的観点**と**listen的観点**を改めて押さえておく必要があります〔☞表1（p.23）〕。ask的観点で客観的な事実を踏まえつつ、listen的観点を持ちながら収集した、その人特有の特徴（事例性）および他者との相互作用のあり方や体験の仕方（関係性）の情報が、潜在的な課題の探索につながります。

　以下、想定事例について、本文中または巻末付録の**潜在的な課題の探索ワークシート**を使い、5つの探索ポイントを1つずつ探索しながら学びます。主にステップ2で記入

した**情報整理ワークシート**を参照し、ワークシートに記入してください。

表9　潜在的な課題の探索ポイント

潜在的な課題の探索ポイント		主に参照する情報
1. **顕在的な主訴の反復**	顕在的な主訴がどのような状況や人間関係で生じ、それがどう反復されているかを探る	情報整理 2.顕在的な主訴 情報整理 3.家族と生い立ち
2. **家族との課題・** **ライフサイクル上の課題**	家族との課題やライフサイクル上の課題が、顕在的な主訴にどのように影響しているかを探る	情報整理 3.家族と生い立ち
3. **その人特有の** **体験の仕方**	その人に特有の体験の仕方・捉え方・表現の仕方を探る	情報整理 4.面接中の語り方（客観的な事実と主観的な体験との照合／語る内容と語る態度との照合）
4. **面接者との** **関係性**	その人に特有の面接者との"今ここで"の関係性を探る	情報整理 1.動機づけ 情報整理 4.面接中の語り方（語る内容と語る態度との照合／語り方の特徴）
5. **潜在的な課題の** **理解度・自覚の深さ**	1.～4.で検討した"仮説としての潜在的な課題"を、その人自身がどのくらい理解・自覚した上で来談しているかを探る	情報整理 1.動機づけ 情報整理 4.面接中の語り方（語り方の特徴）

ステップ
1
情報収集

ステップ
2
情報整理

ステップ
3
評価

ステップ
4
潜在的な課題の探索

ステップ
5
受理判断

ステップ
6
フィードバック

潜在的な課題の探索

1. 顕在的な主訴の反復

　1つめの探索ポイントは、顕在的な主訴がどのような状況や人間関係で生じ、それが反復されているかです。これを探索するのは、反復的な行動はその人にとって無自覚で、そこには重要な課題が表現されていることが多いからです。

　具体的には、「情報整理 2.顕在的な主訴」の中でも、特に（3）発生時の状況や人間関係、（4）問題・症状の反復と対処を参照し〔☞pp.53-56〕、もし反復があればどのような状況や、どのような人間関係で反復されているのかの仮説を探っていきます。

111

1. 顕在的な主訴の反復

想定事例について、以下の空欄に記入してみましょう。記入が終わったら、次の解説・記入例へと進んでください。

◆潜在的な課題の探索ワークシート

1. 顕在的な 主訴の反復	

◆解説

まず、「情報整理ワーク2.(4)」〔☞p.55〕を参照すると、以下の3点の反復が整理されています。

- やる気のなさ（高校の部活を半年で退部、大学で留学の審査をばかばかしくなってやめる、最近の仕事のやる気が出ないこと）
- 身体症状（高1のとき、ダイエットによる貧血と月経停止、大学時の留学試験当日の体調不良、社会人になり入社2年目からのめまいや吐き気）
- 食べ吐き（高3頃にスタートし、大学時や社会人の現在も時折反復されている）

最近の仕事でやる気を失った背景を「情報整理ワーク2.(3)」〔☞p.53〕から探っていくと、玉瀬さんは自分の希望と異なる部門に異動し、当初は評価してくれた上司からのサポートもあり、やりがいを感じていました。しかし、2年目に新人の加入に伴い、サポートがなくなるだけでなく業績もとられたと感じていることが見出せます。また、大学時の留学審査では、追試連絡がなかったことを「大学が学生をばかにしている」と感じてやる気をなくしてしまっています。

ここからが仮説になります。評価やサポートを得られないことが、玉瀬さんにやる気を失わせていると推測されます。当初は、評価やサポートを得ようと頑張

112

るのですが、留学審査や社会人2年目での身体症状を考えると、頑張りすぎて体調不良になることもありそうです。つまり、評価を得ようと頑張りすぎて身体化や行動化（心理的な問題が身体症状や不適応行動として表れること）が生じることや、評価やサポートを得られないとエネルギーが枯渇してやる気を失ってしまうことなどが反復していると推測されます。

　なお、身体化や行動化が起きやすいのは、ステップ3の「評価ワーク3.感情の調整」〔☞p.83〕でも検討したように、「感情を自覚・調整する機能が不安定であり、内面に湧いた感情に自覚がなかったり、感情の抑え込みに気づいていなかったりする」ことを意味しています。

◆記入例

1. 顕在的な 主訴の反復	顕在的な主訴の反復は、以下の3点において認められる。 ・やる気の低下（高校の部活を半年で退部、大学で留学の審査をばかばかしくなりやめる、現在の仕事） ・身体症状（高1時のダイエットによる貧血と月経停止、大学時の留学試験当日の体調不良、入社2年目からのめまいや吐き気） ・食べ吐き（高3から現在に至る） →評価を得ようと頑張りすぎて身体化・行動化が生じることや、評価・サポートが得られないとエネルギーが枯渇してやる気を失うことなどが反復されている可能性あり。

2. 家族との課題・ライフサイクル上の課題

　2つめの探索ポイントは、家族との課題やライフサイクル上の課題が、顕在的な主訴にどのように影響しているかです。これらを探索する理由は、〈ステップ2 情報収集〉でも触れましたが、私たちの現在の感情・思考・信念・欲求・対人関係の取り方などは、乳幼児期からの家族との関わりや体験の積み重ねに大きな影響を受けているからです。

　また、ライフサイクル上の課題とは、各年代の発達課題や心理社会的な危機（例：エリクソンの漸成的図式など）を参考にして、その個人が直面している課題を整理する視点です。例えば、青年期と中年期では、その個人にとって重要となる対人関係も求められる役割も大きく違うため、同じ主訴であってもその意味は違うものとなります。

　具体的には、「情報整理3.家族と生い立ち」を参照し〔☞pp.59-61〕、**家族歴や生い立ちをその人がどのように体験していて、顕在的な主訴の問題や症状の形式にどのような意**

ステップ
1
情報収集

ステップ
2
情報整理

ステップ
3
評価

ステップ
4
潜在的な課題の探索

ステップ
5
受理判断

ステップ
6
フィードバック

味や影響を持つのかという仮説を探ります。特に、顕在的な主訴が反復されている事実がある場合は、問題にまつわる過去の状況や背景を丁寧に整理・検討し、家族との関係性が家族以外の人との関係性でも反復していないかに注目していきます。

2.家族との課題・ライフサイクル上の課題

想定事例について、以下の空欄に記入してみましょう。記入が終わったら、次の解説・記入例へと進んでください。

◆潜在的な課題の探索ワークシート

2.家族との課題・ライフサイクル上の課題	

◆解説

　先ほどの、1.顕在的な主訴の反復のワークでは、評価を得ようと頑張りすぎてしまうこと、評価を得られないとやる気を失ってしまうという仮説を考えました。このように他者評価に左右されやすい傾向に、家族の課題やライフサイクル上の課題が影響しているかを探っていきます。

　ステップ2の「情報整理ワーク3.(3)」〔☞p.60〕を参照すると、志望校を家族のために変えるなど、自分のやりたいことは我慢して「手のかからない、いい子」でいようと頑張っていたことがうかがえます。また、「情報整理ワーク3.(1)」〔☞p.58〕を見ると、仕事で不在がちの父親と、仕事も家事も頑張る多忙な母親という両親の元で育っています。

　ここからが仮説になります。長女である玉瀬さんは、忙しい両親からは放任でかまってもらえなかったと体験している可能性もあります。しかし、そのような不満はまったくなく、むしろ母親を「すっごい人」と理想化し、自分も頑張ろうとしています。一方、親に素直に依存できる妹に対しては「要領がいいタイプ」とやや批判的であり、同胞(きょうだい)葛藤が推測されます。それは、新人が入っ

てきて上司からのサポートがなくなったと体験するとやる気を失うという点で、職場でも反復されているように推測されます。

◆記入例

2. 家族との課題・ライフサイクル上の課題	母親が放任でかまってくれなかったと体験しながらも、その母親を理想化して"いい子"でいようとしてきたことや、親に素直に依存できる妹への同胞葛藤など、家族関係での課題が顕在的な主訴に影響している可能性がある。家族とのこの課題が他者評価に左右されやすい傾向の背景に考えられ、上司との関係でも反復されていると推測される。

3. その人特有の体験の仕方

　3つめの探索ポイントは、その人に特有の体験の仕方・捉え方・表現の仕方です。これらを探索するのは、その人が顕在的な主訴としての問題や症状、対人関係をどう体験しているか、どう体験しやすい傾向があるかという、まさに**その人らしさ**を理解するためです。

　具体的には、「情報整理 4.面接中の語り方」の (1)「客観的な事実」と「主観的な体験」との照合、(2)「語る内容」と「語る態度 (形式)」との照合などを参照し〔☞pp.63-64〕、特にそれぞれが不一致の場合に、その**不一致がなぜ生じたか**を検討することで、その人特有の体験の仕方についての仮説を考えていきます。

　事実と体験に不一致がある場合は、その人が客観的な事実をどのように主観的に体験し捉え表現しているか、その背景にどのような思いがあるかの仮説を探ります。

　内容と態度に不一致がある場合は、態度からその人特有の体験や表現の仕方を探ります。例えば、つらい出来事を他人事のように淡々と話す人は、その出来事に情緒的に向き合いにくい可能性があるかもしれませんし、ある出来事やある人物のことを話すときだけ感情的になる場合は、思い入れなどのその人特有の体験があるかもしれません。

　なお、"不一致"の情報は、〈ステップ3 評価〉でも参照していました。評価では、不一致の有無やそのズレの大きさから、現実検討力〔☞p.78〕や感情の調整〔☞p.83〕などの機能の程度を見ていますが、これらの評価も参考にするとよいでしょう。

ステップ
1
情報収集

ステップ
2
情報整理

ステップ
3
評価

ステップ
4
潜在的な課題の探索

ステップ
5
受理判断

ステップ
6
フィードバック

3. その人特有の体験の仕方

想定事例について、以下の空欄に記入してみましょう。記入が終わったら、次の解説・記入例へと進んでください。

◆潜在的な課題の探索ワークシート

3. その人特有の 体験の仕方	

◆解説

　ステップ2の「情報整理ワーク2.(1)」〔☞p.50〕を見ると、大学で留学試験の追試連絡がなかった客観的な事実を、「大学が学生をばかにしている」と主観的に体験しています。また、仕事が上司の業績になったことに対して、自分は営業補佐の立場という客観的な事実があるにもかかわらず、「業績が取られた」と主観的に体験しています。また、「情報整理ワーク4.(2)」〔☞p.64〕を見ると、上司の不満を他人事のような態度で語っており、それぞれに不一致が認められます。

　ステップ3の「評価ワーク 3.感情の調整」〔☞p.83〕では、これらの不一致の情報から「感情を自覚・調整する機能が不安定」と評価しています。具体的には、「内面に湧いた感情に自覚がない」「感情の抑え込みに気づいていない」「希望が叶えられない・自分に関心が向けられないなどの不満や怒りが生じたときに、被害的になりやすい（相手を悪者にして感情を処理しやすい）」という評価であり、これらは玉瀬さんに特有な体験の仕方であると考えられます。

　ここからが仮説となります。これらのエピソードが生じた状況を詳しく見ると、大学では連絡をもらうというサポートがなかったこと、仕事では新人が加入して上司からのサポートがなくなったという共通点に気づきます。つまり、期待するサポートが得られなかったときに不満や怒りが生じる可能性が考えられます。

　さらに、前項の「2.家族との課題・ライフサイクル上の課題」で仮説とした、「"いい子"でいようとしてきた可能性」「素直に依存できる妹への同胞葛藤」など

116

も踏まえると、依存したい気持ちや怒りに対する反動形成として、"いい子"で頑張ろうとしている（演じている）可能性も考えられます。

◆記入例

3. その人特有の 体験の仕方	感情を自覚・調整する機能が不安定で、自分が期待するようなサポートが受けられないと、それに対して不満や怒りを感じるが、その感情を自覚しにくく、被害的に受け取る（相手を悪者にして感情を処理する）形で表現する傾向がある。このような怒りや依存したい気持ちに対する反動形成として、"いい子"で頑張ろうとしている（演じている）可能性もある。

4. 面接者との関係性

4つめの探索ポイントは、面接者との**今ここで** (here and now) の関係性です。なぜ面接者との関係性を探索するかというと、面接場面というのは、先ほどの「2.家族との課題・ライフサイクル上の課題」や「3.その人特有の体験の仕方」で検討してきた対人関係や体験のあり方が、今ここで表れる場だからです。

具体的には、〈ステップ2情報整理〉4.面接中の語り方の (2)「語る内容」と「語る態度（形式）」との照合、(3) 語り方の特徴を参照し〔☞pp.64-65〕、**面接者に何をどう伝えようとしているか**、**面接者からの問いかけにどんな反応をするか**などに注目することで、面接者との"今ここで"の関係性を探ります。そして、「2.家族との課題」「3.その人特有の体験の仕方」で見てきた、家族関係や対人関係、反復されている人間関係のあり方などと照らし合わせて仮説を考えます。

さらに、情報整理「1.動機づけ」の (3) なぜ、この相談施設を選んだのかという情報を参照することで〔☞p.47〕、面接者に何を期待して来談したのかを探索できる場合もあります。これは来談前から相談施設や面接者に抱いている期待や思惑の検討であり、対人関係の取り方の特徴の理解や、心理面接関係の展開の予測につながります。

ステップ 1 情報収集

ステップ 2 情報整理

ステップ 3 評価

ステップ 4 潜在的な課題の探索

ステップ 5 受理判断

ステップ 6 フィードバック

117

4.面接者との関係性

想定事例について、以下の空欄に記入してみましょう。記入が終わったら、次の解説・記入例へと進んでください。

◆潜在的な課題の探索ワークシート

4. 面接者との 関係性	

◆解説

　「情報整理ワーク4.（3）」〔☞p.66〕を見ると、はじめはきちんとしようという姿勢がうかがえ、口調もハキハキとしていたが、途中でくだけた雰囲気で同意を求める口調が増えてきたと整理されています。また、「情報整理ワーク1.（3）」〔☞p.48〕を見ると、カウンセリングに抵抗はないものの、継続的な利用ではなくストレスが重なったときにのみ利用していたことが整理されています。

　ここからが仮説となります。きちんとしようという姿勢は、これまでに理解されてきた"いい子"で頑張ろうとする玉瀬さんの姿と一致しています。その一方で、くだけた雰囲気で同意を求める口調からは、頼りたい・サポートしてもらいたい気持ちが垣間見られ、"いい子"であることが揺らぎやすいことがうかがえます。また、カウンセリングに抵抗はないと話し、今回は9,000円かかる施設を自ら選んで来談していますが、過去の相談利用の仕方は使いたいときに使い、落ち着けばそれでよしという形であり、継続的なサポートを受けていたわけではありません。

　これらを総合すると、面接者との関係性は、"いい子"でいようとするものの、頼ろうとする気持ちが強くなると関係が揺らぎやすく、継続的な関係は持ちにくい面があるという仮説が考えられます。「3.その人特有の体験の仕方」の仮説の「サポートが受けられないと、それに対して不満や怒りを感じるが、その感情を自覚しにくく、被害的に受け取る」傾向を踏まえると、継続面接となった場合に、

そのような関係性となる可能性もあります。

◆記入例

4. 面接者との 関係性	面接者の前で"いい子"でいようとするものの、面接者に頼ろうとする気持ちが強くなると関係が揺らぎやすく、継続的な関係は持ちにくい可能性が考えられる。また、継続面接となった際には、期待するようなサポートが面接者から受けられないと感じたときに、被害的に受け取る可能性もある。

5. 潜在的な課題の理解度・自覚の深さ

5つめの探索ポイントは、潜在的な課題の理解度と自覚の深さです。この探索は、次のステップの受理判断とフィードバックのために必要な作業です。ここでは主に「情報整理 1. 動機づけ」を参照し〔☞pp.47-49〕、潜在的な課題の探索1～4の仮説を、自分の課題としてどのくらい理解・自覚して来談したかを見ていきます。

具体的には、どのような事柄に問題意識を持っているか、その問題が生じた状況や経緯にどのくらい心当たりがあるか、問題が反復されていることにどのくらい気づいていて、何を求めて今ここで来談したのか（例えば、苦しさだけを訴えてきたのか、アドバイスを求めて来たのか、自分で考えたいテーマや課題があるのかなど）を検討します。

また、このような潜在的な課題に関する気づきや理解について、自ら語れるのか、面接者の問いかけがあれば語れるのか、問いかけてもピンとこないかなど「情報整理 4. 面接中の語り方」を参照して検討します〔☞pp.63-66〕。ただし、これらは面接者の確認や問いかけの仕方によっても変わるので、初回面接ではまだその情報が得られていない場合もあります。

潜在的な課題の探索ワーク

5.潜在的な課題の理解度・自覚の深さ

 想定事例について、以下の空欄に記入してみましょう。記入が終わったら、次の解説・記入例へと進んでください。

ステップ
1
情報収集

ステップ
2
情報整理

ステップ
3
評価

ステップ
4
潜在的な課題の探索

ステップ
5
受理判断

ステップ
6
フィードバック

◆潜在的な課題の探索ワークシート

5. 潜在的な 課題の 理解度・ 自覚の深さ	

◆解説

　まず、先ほど「1.顕在的な主訴の反復」で探索した3点について、気づきや問題意識の程度を「情報整理ワーク1.動機づけ」〔☞pp.47-49〕から確認していきます。「やる気のなさ」には問題意識を持っていますが、「身体症状」と「食べ吐き」への問題意識は低いようです。そして、これらが反復していること、問題の背景に評価を得ようと頑張りすぎる可能性があることには気づいていないことが推測されます。

　また、「2.家族との課題・ライフサイクル上の課題」と「3.その人特有の体験の仕方」「4.面接者との関係性」は、すべて面接者側の探索による仮説であり、本人には自覚されていません。

　さらに、「なぜ、今この時期に、ここに来談したのか」についての情報を参照すると、「今の仕事を続けていくかの迷いや、やる気が出ないこと、これからの不安もあるためカウンセリングでアドバイスがもらえれば」と、現在の仕事に対するアドバイスを求めて来談しており、潜在的な課題の理解度・自覚はあまり深くないと考えられます。

　なお、潜在的な課題に関する気づきや理解について、自ら語れるのか、面接者の問いかけがあれば語れるのか、問いかけてもピンとこないかは、「情報整理ワーク 4.面接中の語り方」〔☞p.63-66〕を参照しても、この時点では明らかになっていません。

◆記入例

5. 潜在的な 課題の 理解度・ 自覚の深さ	「やる気のなさ」への問題意識はあるが、身体症状・食べ吐きといった症状への問題意識は低い。また、問題が反復されていること、問題の背景に評価を得ようと頑張りすぎる可能性があることには気づいていないようである。現在の仕事に対するアドバイスを求めて来談しており、潜在的な課題の理解度・自覚は深くないことが推測される。

見立ての定式化の仮説と今後の見通しの例

ステップ
1
情報収集

ステップ
2
情報整理

ステップ
3
評価

ステップ
4
潜在的な課題の探索

ステップ
5
受理判断

ステップ
6
フィードバック

　本書では、以上の〈ステップ4 潜在的な課題の探索〉から得られた理解と、〈ステップ3 評価〉から得られた理解を総合したものを**見立ての定式化**としています。つまり、その個人のものの見方・考え方・感じ方・振る舞い方の適応的な側面と不適応的な側面の理解と、潜在的な課題の仮説を総合して、見立てを立てようとしているのです。

　また、面接者との関係性や、潜在的な課題の理解度・自覚の深さの程度の検討から得られた理解を踏まえて、長期や継続的な面接の中で生じうる展開の見通しについて考えます。

　今回の想定事例で言うと、次のような「見立ての定式化の仮説」と「今後の見通し」が可能です。

◆見立ての定式化の仮説

　玉瀬さんの病態水準は、情緒的なストレス・トラブルが起きた場合や、特定の他者との関係で、現実不適応が起こる、BPO higherレベルと考えられます【病態水準】。

　適応的な側面として、知的能力は、礼節や社会性が保たれ、大学を4年間で卒業・就職できていることから、平均的と言えます。現実検討力については、長年にわたる食べ吐きへの問題意識が低く、自己行動に関する判断力が一時的に機能しなくなることもありますが、やる気のなさへの問題意識はあり、自我境界機能はおおよそ保たれています。アイデンティティについては、自分の希望しない部署では遅刻や欠勤が増えるなど、所属感はやや不安定ですが、学びたい・働きたいことを継続してきており、さらに、周囲の他者や同年代と相応の外見、価値観を共有していることから、一貫性・斉一性はおおよそ保たれています【適応的な側面】。

　不適応的な側面として、食べ吐きへの問題意識の低さ、頑張ろうとすると体調不良になる傾向、希望が叶えられないときに被害的になりやすい傾向など、感情の調整は不安定で、内面に湧いた感情に自覚がなかったり、感情の抑え込みに気づいていなかったりします。対象関係についても、他者や環境が自分の期待や理

121

想と一致し自分を評価してくれる場合は安定した関わりがとれますが、一致でき
なくなるとやる気や興味を失ったり、他者への評価が反転したりしやすいところ
があります【不適応的な側面】。

　こうした不適応的な側面の中でも、顕在的な問題として反復されているのが、
やる気の低下、身体症状、食べ吐きです。これらの反復から、評価を得ようと頑
張りすぎて身体化・行動化が生じている可能性や、評価・サポートが得られない
とエネルギーが枯渇してやる気を失っている可能性が考えられます【顕在的な主
訴の反復】。

　この背景には、母親が放任でかまってくれなかった（依存できなかった）と体験し
ながらも、その母親を理想化して“いい子”でいようとしてきた可能性や、親に
素直に依存できる妹への同胞葛藤など、家族関係での課題が影響している可能性
が考えられます。上司との関係でも同様のことが反復されていると推測されます
【家族との課題・ライフサイクル上の課題】。

　こうした家族関係から、期待するサポートが受けられないと、それに対して不
満や怒りを感じても、その感情を自覚しにくく、被害的に受け取る（相手を悪者に
して感情を処理する）傾向が形成されてきたかもしれません。そして、このような依
存したい気持ちやそれが満たされない怒りに対する反動形成として、“いい子”で
頑張ってきた（演じてきた）可能性が考えられます【その人特有の体験の仕方】。

◆今後の見通し

　面接者に対しても、“いい子”でいようとするものの、頼ろうとする気持ちが強
くなるとそれが揺らぎやすいことから、長期的および継続的な心理面接を行う場
合には、注意が必要です【面接者との関係性】。

　また、潜在的な課題を扱う場合にも、玉瀬さんの理解力やキャパシティに留意
する必要〔☞ステップ6参照〕があります【潜在的な課題の理解度・自覚の深さの程
度】。

ステップ
5

受理判断

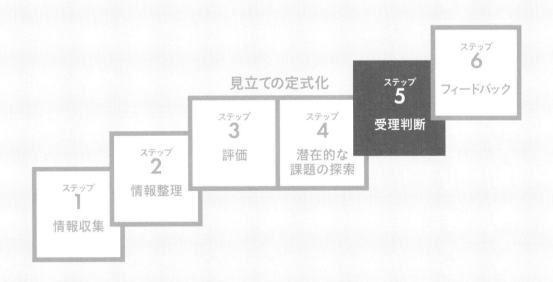

見立ての定式化

ステップ **1** 情報収集

ステップ **2** 情報整理

ステップ **3** 評価

ステップ **4** 潜在的な課題の探索

ステップ **5** 受理判断

ステップ **6** フィードバック

受理判断のための3つの吟味事項

　ここまで、個人の顕在的な主訴を把握し（ステップ1・2）、それを抱える個人の潜在的な課題を含めて見立ての定式化の仮説を立ててきました（ステップ3・4）。次は、ここまでのステップを踏まえ、その人への心理支援を当該施設で実施（受理）することが適切かどうか判断します。

　具体的には、ここまでに整理・評価してきた情報から、その個人が抱える **1.問題点の深刻さの程度**、今後開始される **2.心理面接の見通し**、そして必要・適切と思われる **3.介入方法** についてよく吟味し、受理判断を行います。

1. 問題点の深刻さの程度

　問題点の深刻さの程度は大きく以下のように分類されます。

高	多角的に見て緊急性が非常に高い
中	日常生活や健康状態に影響が生じている、社会適応上の問題が見られる
低	本人に困り感はあるが、客観的には日常生活・健康状態・社会適応などへの問題は見られない

　個人が問題・症状について「どのように、どれくらい困っているのか」を、〈ステップ2 情報整理〉の2.顕在的な主訴（2）どのように困っているか（生活や健康への影響、深刻さの程度）を参照し〔☞ p.52〕、詳しく検討します。すなわち、問題・症状が日常生活や健康状態に及ぼしている影響、生死に関わること、社会適応上の問題について検討します。また、〈ステップ2 情報整理〉の4.面接中の語り方（3）語り方の特徴も参照し〔☞ pp.65-66〕、そこから問題・症状に関する深刻さの程度がうかがえる情報が見られないかを検討します。

　これらの情報をもとに問題点の深刻さの程度を多角的に吟味します。この場合の「多角的」には、本人の自覚、面接者の判断などを含みます。

　以下、想定事例について、本文または巻末にある **受理判断ワークシート** を使い、3つの吟味事項を学びます。ステップ2で記入した **情報整理ワークシート** を主に参照して記入してください。

1.問題点の深刻さの程度

想定事例について問題点の深刻さの程度を選び、その根拠を記入してみましょう。記入が終わったら、次の解説・記入例へと進んでください。

◆受理判断ワークシート

1. 問題点の 深刻さの 程度	[　高　・　中　・　低　]

◆解説

　まず、「情報整理ワーク2.(2)どのように困っているか」〔☞p.52〕を参照すると、やる気が出ず遅刻や欠勤は増えてきていますが、休職するまでには至っていない程度であり、日常生活や健康状態への大きな影響は生じておらず、生死に関わるほどのことも起きていません。しかし、玉瀬さんが社会人であることを考えると、やる気が出ず遅刻や欠勤が増えていることは、社会適応上の問題と考えられます。また、本人は深刻に考えず、問題意識も持っていないようですが、食べ吐きが続いていることは、摂食障害のような精神科的問題の可能性も含め、健康状態への影響がある問題と認識しておくとよいでしょう。

　「情報整理ワーク4.(3)語り方の特徴」〔☞pp.65-66〕からは、心理状態に関して気になる言動や様子は見られませんでした。

　上記のことから、問題点の深刻さの程度は、[中]と検討できるでしょう。

ステップ
1
情報収集

ステップ
2
情報整理

ステップ
3
評価

ステップ
4
潜在的な課題の探索

ステップ
5
受理判断

ステップ
6
フィードバック

◆記入例

1. 問題点の 深刻さの 程度	［ 高 ・(中)・ 低 ］ 　現状、日常生活や健康状態への大きな影響は生じておらず、生死に関わるほどのことも起きていない。しかし、やる気が出ず遅刻・欠勤が増えてきていることは、社会人の玉瀬さんにとっては社会適応上の問題と考えられる。 　また、本人の問題意識は低いが、食べ吐きが続いていることについても、健康状態への影響があるものと考えるべきであろう。 　なお、面接中の心理状態に関する態度では、特に気になる言動や様子は見られなかった。

2. 心理面接の見通し

(1) 援助を受け入れる準備状態 (動機づけ)

　援助を受け入れる準備状態を吟味するのは、心理面接をはじめとした心理臨床の支援では、個人と面接者の双方が問題・症状に対して主体的に取り組む必要があるためです。

　そのために、まずは、相談に対する動機づけは高いか、「なぜ、今この時期に来談したのか」について説明できるかを検討します。それが確認できれば、ひとまず面接者の援助を受け入れようとしていると考えられます。それに加えて、**抱えている問題・症状を自分の課題として捉えて主体的に取り組む姿勢**（自己観察力・内省力）を十分に備えているかどうかを検討します。このことは、次項の「3.介入方法」の検討にもつながります。

　動機づけは、〈ステップ2 情報整理〉の1.動機づけで検討済みです〔☞pp.47-49〕。また、自己観察力・内省力は〈ステップ4 潜在的な課題の探索〉の5.潜在的な課題の理解度・自覚の深さなどから確認できます〔☞pp.119-120〕。

(2) 心理支援の妨げになるもの

　心理支援を開始するにあたって、その実践や継続の妨げになる要因について、あらかじめ吟味しておきます。そのために次の3つの項目を検討します。

〈個人の問題〉問題・症状に取り組む際の妨げになりそうな個人の要因を、〈ステップ4 潜在的な課題の探索〉の3.その人特有の体験の仕方〔☞pp.116-117〕や、〈ステップ3 評価〉の適応的な側面と不適応的な側面〔☞pp.101-102〕から検討します。具体的には、

身体化・行動化のしやすさや情緒否認の強さなどを検討します。なお、〈ステップ3 評価〉に関しては、「5つの視点」で機能・能力に低下したものがあること（例えば、感情の調整の機能が不安定で内面の感情に気づくことが難しいなど）は、心理支援の妨げになりやすいと考えられます。

〈本人以外の問題〉問題・症状に対応する際の妨げとなりそうな外的要因、具体的には、関係者（家族・主治医など）からの反対や、経済的な困難などを検討します。これは、〈ステップ1 情報収集〉の聴取項目〔☞表2（p.27）〕にある「受診歴・相談歴」や「家族状況（家族歴）・経済状況」に関する情報などから確認・検討します。

〈面接関係〉問題・症状への支援を継続する上での妨げになりそうな、面接者との関係に関連した要因を検討します。これは、〈ステップ4 潜在的な課題の探索〉の4.面接者との関係性〔☞p.118〕から主に検討します。

受理判断ワーク

2.心理面接の見通し

想定事例について、以下の空欄に記入してみましょう。記入が終わったら、次の解説・記入例へと進んでください。

◆受理判断ワークシート

2.心理面接の見通し	(1) 援助を受け入れる準備状態（動機づけ）
	(2) 心理支援の妨げになるもの

ステップ 1 情報収集

ステップ 2 情報整理

ステップ 3 評価

ステップ 4 潜在的な課題の探索

ステップ 5 受理判断

ステップ 6 フィードバック

◆**解説**

(1) 援助を受け入れる準備状態 (動機づけ)

　動機づけについて、玉瀬さんは、自ら申し込み、現在やこれからの自分に問題意識を感じ、「アドバイスもらえれば」と来談したことを説明できています。このことから、援助を受け入れる準備状態はひとまずあると判断できます。

　一方、問題・症状を自分の課題として捉えて主体的に取り組む姿勢 (自己観察力・内省力) については、「やる気のなさ」への問題意識はあるものの、身体症状・食べ吐きといった症状への問題意識はあまり持っていません。また、問題が反復されていること、問題の背景にある不満・不安などの感情や、評価を得ようと頑張りすぎる傾向にも気づいていないようです。これらのことから、自己観察力・内省力は乏しいと推測されます。

(2) 心理支援の妨げになるもの

〈**個人の問題**〉玉瀬さんは、「潜在的な課題の探索ワーク 3.その人特有の体験の仕方」〔☞pp.116-117〕で確認したとおり、自分の内面に向き合うことに困難さがあると考えられます。そして、心理的に負荷がかかると、それが身体的不調や不適応行動として表れる傾向が推測されます。このことは、潜在的な課題を扱う心理面接 (心理支援) において妨げとなる可能性があります。

〈**本人以外の問題**〉「受診歴・相談歴」を確認しても、相談を受けることに対して家族やその他の関係者から反対されているとの情報はありませんでした。また、「家族状況・経済状況」を確認しても、両親が共働きで、玉瀬さん自身も社会人で収入があることや、ブランド物を身につけていることから、継続して心理面接に通う経済的な困難さはなさそうだと考えられます。

〈**面接関係**〉「潜在的な課題の探索ワーク 4.面接者との関係性」〔☞pp.118-119〕の検討結果を見ると、玉瀬さんには「面接者の前で"いい子"でいようとするものの、面接者に頼ろうとする気持ちが強まると関係が揺らぎやすい傾向」や「期待するようなサポートが面接者から受けられないと感じたときに被害的に受け取りやすい傾向」が見られ、継続的な関係は持ちにくい (配慮が必要な) 可能性が考えられていました。これは継続的な心理支援の妨げになるものと考えられます。

◆記入例

2. 心理面接の 見通し	**(1) 援助を受け入れる準備状態**(動機づけ) 　現在およびこれからの自分に問題意識を感じ、「アドバイスもらえれば」と自ら相談を申し込んで来ていることから、面接者の援助をひとまず受け入れようとしていると判断できる。ただし、食べ吐きや、潜在的な課題と推測される家族関係の課題への問題意識は低い。 **(2) 心理支援の妨げになるもの** 〈個人の問題〉自分の内面に向き合うことへの困難さがあり、これは潜在的な課題に取り組む上での妨げになる可能性が考えられる。 〈本人以外の問題〉現時点では該当なし。 〈面接関係〉面接者の前で"いい子"でいようとするが、頼ろうとする気持ちが強まると関係が揺らぎやすい傾向や、期待したサポートが受けられないと感じると被害感を持ちやすい傾向がうかがえる。これらは継続的な心理支援を実践する上での妨げになる可能性があり、配慮が必要と考えられる。

3. 介入方法

(1) 面接形態

　本書が想定する成人の対象者であれば、本人のみの**個人面接**が基本となります。具体的には、心理面接に通い続けられ、面接者との会話や意思疎通が可能であれば、個人面接が可能と考えられます。

　その他、**家族面接**や、**他職種との連携**などの選択肢があります。例えば、前項で検討したような、家族からの反対が強い場合、家族面接で家族にも説明して協力してもらうことが有効な場合もあります。他職種が並行して関わっている場合は、個人面接が日常生活場面へ与える影響の予想を他職種に伝えておくといった連携が必要かもしれません。不眠や抑うつなどの精神科的な症状に対する投薬治療が必要と考えられる場合は、医師との連携が不可欠です。

(2) 面接方法

　本書が想定する成人の対象者なら、**言語的な方法**による面接が基本になります。しかし、心理面接を求める人の中には、言語でのやりとりが得意な人もいれば苦手な人もい

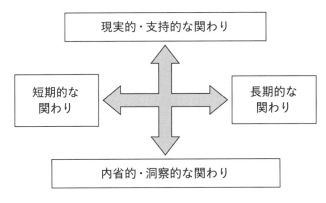

図5　関わりの深さと期間

ます。苦手な人の場合、面接者の質問になかなか返答できない、表面的な応答が続く、語りを明細化できないといったことが起こりえます。そのような場合は、描画や箱庭などを介在させた**非言語的な方法**による関わりも検討します。

　さらに、**関わりの深さと期間**も検討します（図5）。すなわち、内省的・洞察的な関わりか現実的・支持的な関わりか、長期的な関わりか短期的な関わりか、です。

　原則的には、「動機づけ」が高く、「知的能力」が平均以上あり、「現実検討力」がおおよそ保たれている個人に対しては、**内省的・洞察的な関わり**、すなわち、潜在的な課題に取り組む関わりを検討します。一方、「知的能力」が境界線以下であったり、「現実検討力」が不安定であったりする個人には、**現実的・支持的な関わり**を検討します。

　ただし、前述のとおり、個人ごとに内省力などの資質や、心の課題に取り組むための準備状態は異なるので、この原則的な考え方が一律に適用されるわけではありません。具体的には、「感情の調整」や「対象関係」の評価などを踏まえて検討していきます。

　なお、内省的・洞察的な関わりを選択すると、一般的に**長期的な関わり**を想定することになります。反対に、**短期的な関わり**しか持てないのなら、内省的・洞察的な面接の導入は慎重に検討します。現実的・支持的な関わりの場合は、短期の場合も長期の場合もありえます。例えば、病態水準のより低い人や、発達障害など生まれつきの特性を持つ人に対しては、現実的・支持的かつ長期的に関わることがあります。

(3) 面接構造

　面接構造をどのように設定・提案するかは、（2）面接方法の検討と連動しています。面接構造には、**時間**（45〜50分、20〜30分程度の短時間など）、**頻度**（週1回、隔週、月1回など定期的に会う、必要なときだけ（on demand）約束して会う）、**期間**（回数を限定する／しないなど）、**料金**（1回いくらとするか、キャンセルポリシーをどうするか）が含まれます。なお、これらの

面接構造の設定は相談施設の体制から大きく影響を受けます。

　面接構造をどのように設定するかは、先述の（2）面接方法と連動して検討します。内省的・洞察的な関わりを目指すなら、1回の時間を十分に取り、頻度を高くします。一般的には、週1回45～50分という面接構造を設定・提案するのが基本です。一方、現実的・支持的な関わりを目指すなら、1回の時間は30分程度と短くして、頻度も隔週や月1回など低頻度とする場合もあります。

　なお、頻度の高い面接を勧める場合は、特に前項の（2）心理支援の妨げになるもの〔☞ p.126〕を考慮する必要があります。頻度が高く、内省的・洞察的な心理面接は、個人が自覚しにくい・目を背けたい心に目を向けていくことでもあり、心は当然揺れ動きやすくなるからです。そうした心をしっかりと扱い、個人の内省や洞察の深まりを目指すためには、しっかりと面接構造を検討する必要があります。個人に適した面接構造を検討・設定し、それを継続していくことは、個人にとっても面接者にとっても、目標に到達するまでの原動力になるのです。

ステップ
1
情報収集

ステップ
2
情報整理

ステップ
3
評価

ステップ
4
潜在的な課題の探索

ステップ
5
受理判断

ステップ
6
フィードバック

受理判断ワーク

3.介入方法

想定事例について、以下の空欄に記入してみましょう。記入が終わったら、次の解説・記入例へと進んでください。

◆**受理判断ワークシート**

3. 介入方法	**（1）面接形態** **（2）面接方法** **（3）面接構造**

131

◆解説

(1) 面接形態

　社会人として適応できており、面接者との意思疎通にも問題がなく、家族からの反対もないことから、本人のみの個人面接を提案するとよいでしょう。ただし、食べ吐きの問題があることから、精神科医または心療内科医に主治医になってもらうと安心でしょう。受診の結果、投薬の必要がないと判断された場合も、必要に応じて医療と連携がとれるようにしておくとよいでしょう。

(2) 面接方法

　玉瀬さんは、質問への返答に詰まる、表面的な応答が続く、語りを明細化できないといったことは起きておらず、言葉を介したやりとりは苦手ではなさそうなので、言語的な方法で問題ないと考えられます。

　また、動機づけは高く〔☞ p.48〕、知的能力は平均以上、現実検討力もおおよそ保たれていると評価しました〔☞ p.71, p.78〕。そこで、ひとまずは内省的・洞察的な関わりを検討してよさそうです。ただし、前項の「心理支援の妨げになるもの」の検討内容にも関連しますが、「感情の調整」が不安定で内面の感情に自覚が乏しい傾向や、「対象関係」が不安定で自分の期待や理想と一致しない他者との関係に不適合が生じやすい傾向から、内省的・洞察的な心理面接の過程でも、不安を体験したり、面接者との関係が揺れ動いたりしやすい可能性を考慮する必要があると考えられます。

(3) 面接構造

　内省的・洞察的な関わりを考えているので、時間は45分、頻度は週1回、期間は限定せず長期で設定できるとよいでしょう。

　特に、玉瀬さんは、内省的・洞察的な関わりの過程で、不安や面接者との関係の揺れ動きが生じやすい可能性を検討していましたので、それらに十分対応できるような面接構造として、隔週や月1回などの低頻度ではないほうがよいと言えます。

3. 介入方法	**(1) 面接形態** 　社会人として社会適応できており、面接者との意思疎通にも問題がなく、家族からの反対もないことから、本人のみの個人面接を提案する。ただし、食べ吐きの問題があることから、医師と連携していく形が望ましい。 **(2) 面接方法** 　言葉的なやりとりに問題はなさそうであり、言語的な方法でよいと考えられる。 　また、動機づけは高く、知的能力も平均以上で、現実検討力もおおよそ保たれていることから、内省的・洞察的な関わりが可能だと考えられる。ただし、内面の感情への自覚（食べ吐きなどの問題行動の背景の感情への気づき）が乏しい傾向や、他者の振る舞いが自分の期待や理想と一致しないと関係に不適合が生じやすい傾向がうかがえることから、内省的・洞察的な心理面接の過程でも、面接者との関係が揺れ動きやすい可能性を考慮する必要があるだろう。 **(3) 面接構造** 　内省的・洞察的な関わりのために、時間は45分、頻度は週1回、期間は限定せず長期を基本として考える。なお、内省的・洞察的な関わりの過程で不安や面接者との関係の揺れ動きが生じると予想されることから、これに十分対応できるよう、週1回の頻度を原則と考えておく。

ステップ 1 情報収集

ステップ 2 情報整理

ステップ 3 評価

ステップ 4 潜在的な課題の探索

ステップ 5 受理判断

ステップ 6 フィードバック

受理判断

　以上の3つの吟味事項（1.問題点の深刻さの程度、2.心理面接の見通し、3.介入方法）を踏まえて、最終的な「受理判断」をします。具体的には、その個人を自分の施設で引き受けるのか、あるいは他機関を紹介するのかを決めます。

◆受理

　3つの吟味事項からその個人を支援可能と判断できれば、「受理」と判断します。受理

の提案を実際に利用するかはその個人が決めることですが、面接者が専門家として継続的な相談を受ける用意があると根拠をもって示すことはとても重要です。

◆**条件付き受理**（→条件）

　3つの吟味事項のうち、いずれか、もしくは複数について課題や困難が考えられた場合、一定の条件を付けた上で受理します。一般的な条件付き受理としては、表10のような例があります。

◆**不受理**（→理由・他機関紹介の必要性）

　受理にも条件付き受理にも当てはまらない場合は、不受理となります。例としては、その個人に適していると思われる介入方法が当該相談施設では実施できない場合、心因性の問題・症状ではなく、外因性・内因性の問題・症状である可能性が疑われる場合〔☞補足：除外判断（☞p.69）〕、優先させるべき他の治療法が必要と判断される場合などです。

表10　条件付き受理の例

付ける条件	左の条件を付ける場合
主治医の許可を得ること	・精神科や心療内科などで加療中である人が、その医療機関以外の心理相談施設に来談した場合など
現担当者の許可を得ること 他施設の心理面接を終えること	・他の相談施設で心理面接を受けている途中の人が来談した場合 　→現担当者との心理面接に対する行動化の可能性もあるので、現担当者と話すことを条件とする ・それでも、当相談施設での心理相談を希望して来談した場合など
重要な関係者の同意を得ること	・未成年者が保護者に内緒で心理面接を希望した場合 ・親が子どもに理由を十分に説明せず来談させた場合など
限界設定*を守ること	・心理面接の適用可能性はあるが、行動化も激しく自傷他害の危険が残る場合や、いわゆる危険ドラッグ・違法薬物などの使用が疑われる場合など 　→限界設定を守れないときは、面接を中止する・守秘義務の範囲外となるなどの条件を付け、その旨を契約書に記載するか、心理面接記録・カルテなどに明記する
医療機関など他の専門機関にも同時に相談すること	・心理面接の適用可能性はあるが、精神科・心療内科などの専門医を受診する必要があると判断される症状や問題行動がある場合 ・教育臨床場面では、校医との面談や、司法相談、児童相談所への相談を受理の条件とすることも考えられる

＊**限界設定**（limit setting）：面接者が個人との間に設ける、心理面接上必要な制約・制限。時間や場所の約束、破壊的行為、面接者への攻撃、自傷行為などを制約・制限の対象とすることが多い。

受理判断

想定事例について、すでに記入した３つの吟味事項を総合して受理するかどうかを検討してみましょう。受理判断の選択と記入が終わったら、次の解説・記入例へと進んでください。

◆受理判断ワークシート

	[受理・条件付き受理（→条件）・不受理（→理由・他機関紹介の必要性）]
受理判断	

◆解説

３つの吟味事項の検討結果を改めて確認しましょう。

「1.問題点の深刻さの程度」は、現状では日常生活や健康状態への大きな影響は生じていませんが、やる気が出ず遅刻・欠勤が増え、社会人としての適応上の問題が見られていると考え、[中] 程度としました。

「2.心理面接の見通し」と「3.介入方法」については、玉瀬さんは、現在とこれからに問題意識を抱いて自ら来談し、援助を受け入れる準備状態は整っていそうでした。しかし、身体化・行動化しやすい傾向、環境・他者が自分の期待どおりにならないと不適合が生じやすい傾向もあるので、こうした揺れ動きに十分配慮しつつ、週１回45分で期間を限定せず、内省的・洞察的な言語面接を提案することが検討されました。

ただし、やる気（意欲）の低下や食べ吐きが続いていることなどからは、医療機関（精神科・心療内科）に通うことを受理の条件とするとよいと考えられます。

ステップ
1
情報収集

ステップ
2
情報整理

ステップ
3
評価

ステップ
4
潜在的な課題の探索

ステップ
5
受理判断

ステップ
6
フィードバック

受理判断	[受理 ・条件付き受理(→条件)・ 不受理(→理由・他機関紹介の必要性)] 意欲低下や食べ吐きといった精神科的症状が見られることから、医療機関(精神科・心療内科)への通院を条件とした、「条件付き受理」が望ましいと考えられる。

よくある質問

　私は小規模の精神科病院で働いています。心理臨床家は私ともう1人の2名体制で、どちらも経験5年未満です。私のところでは、主治医から心理面接の依頼が出れば、患者さんのやる気いかんにかかわらず、あるいは私たちの力量にかかわらず、とりあえず心理面接を始めることになっています。時には、心理面接をしていいのかと心配になる患者さんも回ってきて、いつもとても不安に感じています。どうしたらいいでしょうか。

◆◆◆

　まずは主治医が心理面接に何を求めているのかを確認したいですね。そのためにも、日頃から主治医と気軽に話せる下地を作っておきたいところです。主治医の依頼目的を確認した上で患者さんと話をして、何を目標として取り組むことが現実的か、どの程度の時間や頻度であれば続けられそうか、といったことを話し合ってみるのはどうでしょうか。必ずしも1回45〜50分という枠に押し込む必要はありません。患者さんによっては20分が限界の人もいるでしょう。

　さらに、心理面接が難しいと判断される場合も出てきます。そうなったら今度は、きちんと主治医に説明するという作業が必要になるでしょう。あるいは「こういう条件であれば」という条件付きで心理面接を開始できるかもしれません。

　無理をしてなんでもかんでも引き受けない、ということは大事なことです。ですが、それが雰囲気的に許されない現場というのもあるでしょう。そうしたことを相談できる人(スーパーヴァイザーなど)に相談することも必要です。

ステップ
6

フィードバック

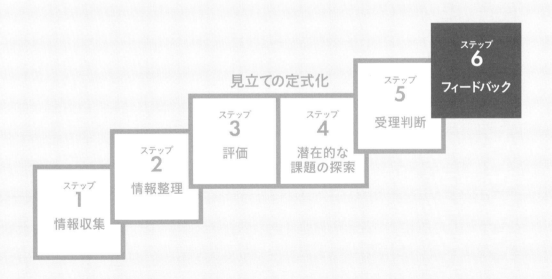

見立ての定式化

| ステップ 1 情報収集 | ステップ 2 情報整理 | ステップ 3 評価 | ステップ 4 潜在的な課題の探索 | ステップ 5 受理判断 | ステップ 6 フィードバック |

フィードバックで伝える内容の深さの検討

　最後のステップは、面接者が「見立て」と「見通し」を本人にわかりやすく伝え、今後の対応（関わり）について双方が合意するための重要なステップです。具体的には、ここまでの力動的アセスメントから理解できたことについて、意見や考えを本人にわかりやすく伝えながら確認・共有し、今後の必要な心理支援を一緒に考え、合意を形成します。これらをフィードバックと呼びます。

　ステップ6では、はじめに「フィードバックで伝える内容の深さ」を検討し、次に手順に沿ってフィードバックしていきます。フィードバックでどれくらい深い内容を伝えるかは、個人の知的能力や病態水準、内省力、洞察力、自己観察力、心理面接に対する動機づけなどによって異なります。本書では、主に「パーソナリティ構造の水準（病態水準）」と、伝える内容（課題）の深さのレベル（顕在〜潜在）の組み合わせから、フィードバックで伝える内容の深さを検討します（表11）。

表11　パーソナリティ構造の水準と伝える内容の深さ

フィードバックで伝える内容の深さのレベル	パーソナリティ構造の水準（病態水準）別 受け入れられる内容の深さのレベル					伝える内容（課題）の具体例
	【A】	【B】	【C】	【D】	【E】	
顕在的	○	○	○	○	＊	所属する組織との不適合や不調
⇕	○	○	○	＊	＊	家族との課題やライフサイクル上の課題
潜在的	○	＊	＊	＊	＊	本人の内的な課題（ものの見方・考え方・感じ方・振る舞い方）

出典：乾（2007, 2011）の表を改編

◆表の読み方

　【A】〜【E】はステップ3で評価したパーソナリティ構造の水準〔☞pp.102-104〕です。

　【A】：健常者、NPOレベル（神経症水準のパーソナリティ構造）

【B】：BPO higher レベル（境界例水準のパーソナリティ構造の中でも健康度が高いレベル）

【C】：BPO middle レベル（境界例水準のパーソナリティ構造の中核的なレベル）

【D】：BPO lower レベル（境界例水準のパーソナリティ構造の中でも病理が重いレベル）、
　　　PPO レベル（精神病水準のパーソナリティ構造）

【E】：知的能力が低い

〇：フィードバックで伝える内容の深さのレベルとして、個人が自分の課題として
　　受け入れて、自己理解に役立てられると考えられるレベル

＊：フィードバックで伝える内容の深さのレベルとして、個人が自分の課題として
　　受け入れられるかどうかは、本人の内省力や資質、動機づけ、さらには面接者
　　の技量にもよるため、個人ごとに慎重な検討や配慮が必要と考えられるレベル

【補足】表11の活用例

　例えば、【A】の神経症水準（NPO）の人は、伝える内容の深さのレベルで言うと、より潜在的なレベルまで受け入れられると考えられます。すなわち、「本人の内的な課題（ものの見方・考え方・感じ方・振る舞い方）」までフィードバック内容に含めても自分の課題として受け入れて自己理解に役立てられるだろうとの推測が立ちます。

　他方、【C】の境界例水準の中核的なレベル（BPO middle）の人では、伝える内容の深さのレベルで言うと、顕在的なレベルと潜在的なレベルの間くらいまで理解できそうだと考えられます。すなわち、「家族との課題やライフサイクル上の課題」までフィードバック内容に含めても問題なさそうだと考えられるわけです。ただし、より潜在的なレベルの内容のフィードバックには慎重な検討と配慮が必要になります。

フィードバックの手順

　伝える内容の深さを決定したら、1.本人が意識している問題（顕在的な主訴）、2.本人があまり意識していない課題（潜在的な課題）、3.受理判断の結果（受理・条件付き受理・不受理）とその理由、4.面接目標・介入方法、という手順に沿ってフィードバックします。

ステップ
1
情報収集

ステップ
2
情報整理

ステップ
3
評価

ステップ
4
潜在的な課題の探索

ステップ
5
受理判断

ステップ
6
フィードバック

139

フィードバックする際、本書では、1.は「情報整理ワークシート」を、2.は「潜在的な課題の探索ワークシート」を、3.と4.は「受理判断ワークシート」を参照します。

フィードバックでは基本的には**本人が意識しているレベルの内容**を伝えます。そして、必要であれば、本人があまり意識していないが努力すれば受け入れられると考えられるレベルの内容まで伝えます。なお、よほど洞察を深めないと受け入れられないと考えられるレベルの内容は原則的にフィードバックでは扱いません。面接者の技量にもよりますが、個人の理解力やキャパシティを超えた内容を伝えると、混乱させてしまうことや、批判や非難として受け止められること、傷つきとして体験させてしまうことなどを招くおそれがあるからです。

ここで留意すべき点は、本人の反応を見ながらフィードバックすることです。すなわち、1.から4.を次々と手際よく伝えるのではなく、例えば、1.を伝えながら相手の反応を見て、2.をどのように伝えるか微調整するといったフィードバックの仕方が求められます。そして3.から4.へと進めていく場合や、先に4.を伝えてから3.を伝えるなど、ケースによって**伝える順番は臨機応変に入れ替える**必要があります。

以下、この前提を踏まえて1.から4.の手順を順番に説明します。

1. 本人が意識している問題（顕在的な主訴）

本人が現在どのようなことに困って相談を希望したのか（または紹介されてきたのか）、本人が語った問題を要約・整理して伝えます。顕在的な主訴は、自明のこととして割愛しても問題ないと考える人も多いと思いますが、改めて言及するほうが丁寧です。その理由は、面接者がその方の訴えをしっかりと理解したことを伝えることにもなるからです。

2. 本人があまり意識していない課題（潜在的な課題）

本人はあまり意識していないが努力すれば受け入れられると考えられるレベルの内容を伝えると判断した場合、本人の反応を吟味しながら、これまでの力動的アセスメントのプロセスから理解した潜在的な課題の仮説を伝えます。つまり、「表面化した問題や症状に隠された意味や意図、顕在的な主訴が生じた経緯」に言及します。

これを伝えるとパーソナリティ構造が【A】の神経症水準の場合は、面接者が深く理解していることに信頼感や安心感を覚えることが多いと考えられます。しかし、【B】～【E】の水準の場合は、上記のような混乱などを招くおそれもあるため、フィードバックで伝えるかどうかは慎重な検討が必要になります。

3. 受理判断の結果（受理・条件付き受理・不受理）とその理由

　心理的な介入方法の提案が、面接者およびその相談施設で可能な場合、受理できることを伝えます。

　条件付き受理の場合には、具体的な条件を伝え、それが可能かを本人に検討してもらいます。伝え方の例としては、「お受けできますが、○○の条件をご提案します」や「○○の条件であれば、お受けできます」といったものが考えられます。

　不受理の場合、すなわち、面接者およびその相談施設では条件を付けたとしても受理が不可能な場合は、その理由を丁寧に説明します。そして、本人にとってより適切と考えられる他の機関や支援方法があればそちらを紹介します。つまり、**不受理と判断した場合でも、どのような機関や支援方法が適切であるかまで責任を持って見立て、伝える**ことが求められるのです。

4. 面接目標・介入方法

　受理可能と判断した場合は、面接目標と介入方法の提案をします。また、その際にはどのような面接形態、面接方法、面接構造が適切か、その理由と合わせて伝えると非常に丁寧なフィードバックになります。

　このステップ6ではフィードバックのワークは行いませんが、自分ならばどうフィードバックするか文章にしてみましょう。そのあとで、フィードバック例を読んで参考にしてみてください。

【補足】契約書の取り交わし

　継続的な面接を実施していく場合、契約書を取り交わすことが多くの相談施設で実施されています。これは料金や守秘などをめぐるトラブルを避けるためであり、来談者・面接者双方を守ることにもなります。

　契約書や説明書を渡すタイミングは、相談施設によって様々です。申し込みの時点で文書を送付（またはホームページからダウンロードをお願い）しておき、初回面接までに目を通しておいてもらい、面接開始時に取り交わす場合もありますし、フィード

ステップ
1
情報収集

ステップ
2
情報整理

ステップ
3
評価

ステップ
4
潜在的な課題の探索

ステップ
5
受理判断

ステップ
6
フィードバック

バックして継続的な面接の実施が決まった後に契約書を取り交わす場合もあります。

契約書の記載事項には、以下の点が主に記されていることが多いようです。

- 面接構造（時間、料金、予約のルールなど）
- キャンセルポリシー
- 守秘義務および例外事項
- 禁止事項
- 学会発表や研究への承諾　　など

よくある質問

来談者の中には、目の前にある問題を解決することを希望する方もいると思います。また、潜在的な課題をフィードバックしない場合もあるとのことでした。そういう方に対しても、潜在的な課題を探索する必要があるのですか？

◆◆◆

潜在的な課題の探索は、来談者の希望やニーズにかかわらず、力動的な心理面接を行う面接者が持っておくべき心構えと言えます。つまり、目の前にある問題だけではなく、その問題の背景に何があるかまで深く理解しようとする心構えです。

また、潜在的な課題、すなわち力動的アセスメントの仮説には、「想う解釈・理解（以下、想う解釈）」と「伝える解釈」があると私たちは考えています。「想う解釈」とは、仮説を面接者の心にしばらくの間、大切に保管しておくことを意味しています。そして、その個人にとって“今ここで”必要と感じたときに、今度はそれを「伝える解釈」として取り出して、提供していくのです。

そのため、潜在的な課題を「想う解釈」として心に持ちながら、個人の希望やニーズに沿って問題解決を目指す場合もあります。一方、それを「伝える解釈」としてフィードバックし、個人が自分自身の課題として心の探索や自己理解に取り組むことを、面接者から提案する場合もあります。そのタイミングは、初期のアセスメント時の場合もありますし、継続面接中の場合もあります。

"伝えなければ意味がないのではないか"と感じる方もいらっしゃるかもしれません。しかし、面接者が問題や症状を「治す」のではなく、来談者自身が「治る」ために力を発揮できることを目指すためには、先回りして伝えることが必ずしも望ましいわけではありません。

　「想う解釈」を持ちながらの関わりと、それがない関わりとでは、来談者と面接者との関係性はまったく違うものとなります。「想う解釈」と「伝える解釈」を、面接者と来談者との間でほどよい塩梅で行き来させていくことによって、来談者と面接者との関係性が展開していくのです。その"塩梅"は、とても難しいですが…。

ステップ
1
情報収集

ステップ
2
情報整理

ステップ
3
評価

ステップ
4
潜在的な
課題の探索

ステップ
5
受理判断

ステップ
6
フィードバック

想定事例　フィードバック例

・
・
・
・
・
・
・
・
・
・
・
・
・

それでは想定事例、玉瀬美奈さんへのフィードバック例について見てみましょう。

フィードバックの流れのみを読みたい方は、左欄の面接の流れを読み進めてください。フィードバックの進め方に関する解説を知りたい方は、左右の欄を交互に読み進めてください。

「　　」:玉瀬さんの言葉　〈　　〉:面接者の言葉

面接の流れ	解説
（p.41からの続き） **3.面接の終了段階** 残り時間が10分ほどになったので、この面接のまとめに入る。〈今日、玉瀬さんは仕事のストレス、やる気が出ないというご相談でいらして、ここまでいろいろとお話ししていただいてきました。そろそろお時間ですので、今後についてお話しできればと思いますが〉と告げると、「はい。ありがとうございました。話せてホッとしました。先生とお話しできてよかったです」と、丁寧にお礼を言う。先生とお話しできてよかった、という言い方はどこかとってつけたように感じられたが、時間になったので、現時点での見立てと見通しをフィードバックすることに。 〈今回玉瀬さんは、仕事に対してやる気が出ないため遅刻や欠勤も増えていて、仕事を続けていくか迷っていること、これからの自分への不安に対してどうしたらいいかわからないことに問題意識を感じて、ご自分自身で探してこちらにご相談されたのですね〉「はい、その通りです」真剣な様子で面接者をじっと見ながらうなずき、話を聞いている。	まずは、1.個人が意識している問題（顕在的な主訴〔☞pp.49-56〕）をなぞって伝えることで、話を理解できているかを確認しています。

145

面接の流れ	解説
〈今日お話を伺った範囲なので、偏りがあるかもしれませんが…〉と前置きをしつつ、潜在的な課題に関連しそうなことを少しずつ伝えて反応を見ていく。	主訴に関する面接者の理解はおおむね了解されたようなので、さらに、2.本人があまり意識していない課題（潜在的な課題〔☞pp.112-122〕）に関連しそうな内容のフィードバックを行っています。
〈お仕事については得意なことを活かせる仕事を選び、当初はやりがいも感じてらしたようですが、休職に至るまでのお話や、大学時代の留学にまつわるエピソードなどをお聞きすると、頑張ろうとすると体調不良になってしまう傾向があるようにお見受けします〉「…ええ（静かに頷きながら）。肝心なところで運が悪くて、体調を崩すことがあります。（苦笑いしながら）あんまり運が悪いから母と一度お祓いに行こうとか話してたこともあります」〈そうですか…〉。このように話題が運の悪さやお祓いの方向に微妙にズレて、面接者が伝えた"頑張りと体調不良のつながり"はあまり伝わっていない様子。	パーソナリティ構造は【B】の水準と考えられるため、所属する組織との不適合や不調さをまずフィードバックし、それに対する反応を観察しています〔☞表11（p.138）〕。
〈それらの背景には、周囲のサポートがある状況ですと玉瀬さんは問題なくやれますが、期待したサポートが得られなくなると、うまくいかなくなってしまったり、気持ちが不安定になったりするなど、他の人からの評価に左右されやすい傾向もありそうです〉「…ええ、たしかに、他の人にどう思われるか気にしてしまうところはあります。ただ、期待したサポートっていうか、上司がやるべきサポートをしてくれないのが悪いんですよね。仕事の成果も取ろうとするし」と少しイラついた様子で話す。〈なるほど、期待したサポートっていうよりは、上司がやるべきサポートをしてくれない、という感じなのですね…〉「ええ、そうですね」と他責的であり、上司への怒りがかなりあるよう。	さらに【B】の水準の場合、家族との課題やライフサイクル上の課題とも絡めてフィードバックできる可能性がありますが、玉瀬さんにとっては、キャパシティを超えた内容であり、批判や非難として被害的に受け止められ、玉瀬さんの混乱を招くおそれもあるため、フィードバックを止めています。
〈さて、玉瀬さんが希望されていた"これからの自分がどうしていったらいいかということを考えていく"ことに取り組むためには、これまでのご自分の生き方や先ほどお話ししたような傾向について考えたり、こちらで気持ちを話しながら整理したりしていく方法が適していると考えます。そのための進め方として、週1回の定期的な面接を継続していくことをご提案致します〉「ええ、わかりました。ぜひお願いします」	ここまでに、ある程度、面接目標を共有できる理解力と面接継続の動機づけがあることは確認できたので、4.面接目標・介入方法の説明をしています〔☞p.141〕。
〈ただし、1つ気になる点として、お仕事を休みがちになっておられ、食べた後に吐いてしまうこともあるようですので、今後のことを考え、心療内科などの医療機関の受診をお勧めしたいと思いますが、いかがですか？〉「心療内科ですか…う〜ん」	次に、3.受理判断の結果（受理・条件付き受理・不受理）とその理由を説明しています。また、受理のための条件を伝える前

面接の流れ	解説
	提として、面接者が考える根拠を示しつつ説明しています〔☞ p.141〕。
〈ここでの面接を始めるにあたって、私がお伝えしたいことはお話ししましたが、以上の点を踏まえて、今の時点での玉瀬さんご自身のお気持ちをお聞かせ下さい〉「はい。お話を聞いていただいて、今日は良かったです。ぜひ次回から定期的にお願いしたいと思います。ただ心療内科はちょっと…」〈医療機関の受診は玉瀬さんにとっては意外だったかもしれません。しかし、本日お話を伺った様子からは、医療機関にも通っていただくほうが玉瀬さんのカウンセリングをスムーズに進めるためにベターな選択と思います。仕事を休みがちなので少しお考えになってみてください〉「はい、そうしてみます」	継続的に会っていく中で医療機関受診の抵抗を少なくしていくことを考えています。
〈何か言い残したこととか、お聞きになりたいことはありますか〉「いえ、特にはないのですが、電話のときに受付の方が契約書について話していたのですが」〈はい、そうですね。こちらが面接の契約書です。お電話の際に、受付スタッフからすでに説明してあると思いますが、改めてよく読んでください〉「はい、わかりました」〈では本日はこれで終わりましょう。あとは受付で会計をお願いします〉「ありがとうございました」〈お気をつけてお帰り下さい〉	面接終了時にもなるべく可能な範囲で質問に答える対応をしています。

引用・参考文献

相川充 (2009) 新版 人づきあいの技術——ソーシャルスキルの心理学　サイエンス社

青木省三 (2013) はじめのやりとり——挨拶や振る舞い　特集 対人援助職の必須知識——関係づくりの方法を知る　臨床心理学, 13 (6): 762-765. 金剛出版

吾妻壮 (2018) 精神分析的アプローチの理解と実践——アセスメントから介入の技術まで　岩崎学術出版社

馬場禮子 (2008) 精神分析的人格理論の基礎　岩崎学術出版社

Balint, M., & Balint, E. (1961) *Psychotherapeutic Techniques in Medicine*. 1st ed. London: Routledge. 小此木啓吾 (監訳) 山本喜三郎 (訳) (2000) 医療における精神療法の技法——精神分析をどう生かすか　誠信書房

Bartemeier, L. H. (1943) Introduction to psychotherapy. *Psychoanalytic Review,* 30: 386-398.

Bellak, L., Hurvich, M., & Gediman, H. (1973) *Ego Function in Schizophrenics, Neurotics, Normals*. New York: Wiley.

Bruch, M., & Bond, F. W. (Eds.) (1998) *Beyond Diagnosis: Case Formulation Approaches in CBT*. Chichester, England: Wiley. 下山晴彦 (編訳) (2006) 認知行動療法ケースフォーミュレーション入門　金剛出版

Coltart, N. (1993) *How to Survive as a Psychotherapist*. London: Sheldon Press. 館直彦 (監訳) (2007) 精神療法家として生き残ること　岩崎学術出版社

土居健郎 (1992)　新訂 方法としての面接　医学書院

Erikson, E. H. (1956) The problem of ego identity. *Journal of the American Psychoanalytic Association*, 4 (1): 56-121.

Farnsworth, J., & Maclaurin, G. (2015) Practical psychodynamic formulation. *Journal of Psychotherapy Aotearoa New Zealand,* 19 (2): 145-158.

Fleming, J. (1953) The role of supervision in psychiatric training. *The Bulletin of Menninger Clinic*, 17 (5): 157-159.

Gabbard, G. O. (2010) *Long-term Psychodynamic Psychotherapy: A Basic Text*. 2nd ed. Washington D.C. : American Psychiatric Publishing. 狩野力八郎 (監訳) 池田暁史 (訳) (2012) 精神力動的精神療法——基本的テキスト　岩崎学術出版社

Gabbard, G. O. (2014) *Psychodynamic Psychiatry in Clinical Practice*. 5th ed. Washington D.C. : American Psychiatric Publishing. 奥寺崇・権成鉉・白波瀬丈一郎・池田暁史 (監訳) (2019) 精神力動的精神医学 第5版——その臨床実践　岩崎学術出版社　pp.61-79.

Hall, E. T. (1966) *The Hidden Dimension*. Garden City, NY: Doubleday. 日高敏隆・佐藤信行 (訳) (1970) かくれた次元　みすず書房

橋本雅雄 (1981) 精神分析的面接 その1　小此木啓吾・岩崎徹也・橋本雅雄・皆川邦直 (編) 精神分析セミナー I 精神療法の基礎　岩崎学術出版社

橋本忠行・佐々木玲仁・島田修 (2015) アセスメントの心理学――こころの理解と支援をつなぐ　培風館

Hinshelwood, R. D. (1991) Psychodynamic formulation in assessment for psychotherapy. *British Journal of Psychotherapy*, 8: 166-174.

堀江姿帆 (2010) 第4章 心理士の職務　馬場謙一 (監修) 福森高洋・松本京介 (編著) 医療心理臨床の基礎と経験　日本評論社　pp.89-95.

乾吉佑 (2000) 精神分析的立場　氏原寛・成田善弘 (共編) 臨床心理学2 診断と見立て――心理アセスメント　培風館　pp.71-74.

乾吉佑 (2003) さまざまな視座からのコメントIV　倉光修・宮本友弘 (編著) マルチメディアで学ぶ臨床心理面接　誠信書房　pp.136-157.

乾吉佑 (2004) 精神分析的自我理論　氏原寛 (共編) 心理臨床大事典 改訂版　培風館　pp.1042-1044.

乾吉佑 (2007) 医療心理学実践の手引き　金剛出版

乾吉佑 (2009) 思春期・青年期の精神分析的アプローチ　遠見書房

乾吉佑 (2010) 治療ゼロ期の精神分析　精神分析研究, 54 (3): 191-201.

乾吉佑 (2011) 働く人と組織のためのこころの支援　遠見書房

乾吉佑 (2014) 推理力を養うこと　藤山直樹・中村留貴子 (編) 事例で学ぶアセスメントとマネジメント――こころを考える臨床実践　岩崎学術出版社　pp.106-107.

乾吉佑 (2014) ものを通して知る心――精神分析的な援助論　音楽療法研究, 4: 21-27.

乾吉佑 (2017) 企業内メンタルヘルス相談――精神力動的理解と応用　祖父江典人・細澤仁 (編) 日常臨床に活かす精神分析――現場に生きる臨床家のために　誠信書房　pp.239-257.

乾吉佑・飯長喜一郎・篠木満 (編著) (1990) 開業心理臨床――心理臨床プラクティス 第1巻　星和書店

乾吉佑・宮田敬一 (2009) 心理療法がうまくいくための工夫　金剛出版

岩壁茂 (2015) 専門家としての成長・発展とは何か？　臨床心理学, 15 (6): 695-699. 金剛出版

岩崎徹也 他 (編) (1990) 治療構造論　岩崎学術出版

神田橋條治 (1984) 精神科診断面接のコツ　岩崎学術出版社

狩野力八郎 (2009) 患者とともに家族の歴史を生きる　精神療法, 35 (1): 43-50. 金剛出版

笠原嘉 (2007) 精神科における予診・初診・初期治療　星和書店

加藤佑昌 (2013) はじめての学会発表までの道のり――初心事例のケース記録を学会原稿に練り上げることによる学び　乾吉佑 (編) 心理臨床家の成長　金剛出版　pp.34-56.

Kernberg, O. (1967) Borderline personality organization. *Journal of the American Psychoanalytic Association*, 15 (3): 641-685.

菊地孝則 (2015) 精神分析的臨床を構成するもの――精神分析的アセスメント　精神分析研究, 59 (2): 165-177.

金城辰夫 (監修) (2016) 図説 現代心理学入門　培風館

吉良安之 (2015) カウンセリング実践の土台作り――学び始めた人に伝えたい心得・勘どころ・工夫　岩崎学術出版社

栗原和彦 (2011) 心理臨床家の個人開業　遠見書房

Lingiardi, V., & McWilliams, N. (Eds.) (2017) *Psychodynamic Diagnostic Manual: PDM-2.* 2nd ed. New

York: Guilford Press.

Luborsky, L. (1984) *Principles of Psychoanalytic Psychotherapy: A Manual for Supportive-expressive Treatment.* New York : Basic Books. 竹友安彦監訳 頼藤和寛・高石昇（訳）（1990）精神分析的精神療法の原則——支持-表出法マニュアル　岩崎学術出版社

前田重治（2014）新図説 精神分析的入門　誠信書房

Malan, D. H. (1979) *Individual Psychotherapy and the Science of Psychodynamics.* London: Butterworth. 鈴木龍（訳）心理療法の臨床と科学　誠信書房

松木邦裕（2005）私説対象関係論的心理療法入門——精神分析的アプローチのすすめ　金剛出版

McWilliams, N. (1999) *Psychoanalytic Case Formulation.* New York : Guilford Press. 成田善弘（監訳）湯野貴子・井上直子・山田恵美子（訳）（2006）ケースの見方・考え方——精神分析的ケースフォーミュレーション　創元社

Menninger, K. (1959) *Theory of Psychoanalytic Technique.* New York: Basic Books. 小此木啓吾・岩崎徹也（訳）（1969）精神分析技法論　岩崎学術出版社

湊真季子（2014）出会いの体験とそのアセスメント　藤山直樹・中村留貴子（監修）事例で学ぶアセスメントとマネジメント——こころを考える臨床実践　岩崎学術出版社

溝口純二（2004）心理療法の形と意味——見立てと面接のすすめ方　金剛出版

森本麻穂（2015）オットー・F・カーンバーグ——境界例治療の第一人者　乾吉佑（監修）生い立ちと業績から学ぶ精神分析入門——22人のフロイトの後継者たち　創元社　pp.51-58.

森本麻穂・井上美鈴・古田雅明・下平憲昭・加藤佑昌（2013）ケースとの出会い方を学ぶ——心理アセスメントのグループ学習　乾吉佑（編）心理臨床家の成長　金剛出版　pp.11-33.

村上宣寛・村上千恵子（2008）臨床心理アセスメントハンドブック　北大路書房

妙木浩之（2010）初回面接入門——心理力動ケースフォーミュレーション　岩崎学術出版社

妙木浩之（2017）クライエントのお財布事情と心理療法の間——経済的・経営的な視点　特集「こんなときにどうする？」にこたえる20のヒント——心理職の仕事術　臨床心理学，17 (1): 17-19.　金剛出版

成田善弘（2003）セラピストのための面接技法——精神療法の基本と応用　金剛出版

成田善弘（2014）新版 精神療法家の仕事——面接と面接者　金剛出版

日本臨床心理士資格認定協会「臨床心理士の専門業務」http://fjcbcp.or.jp/rinshou/gyoumu/（2023年1月17日閲覧）

西田吉男（1992）インテーク面接　氏原寛 他（編）心理臨床大事典　培風館　pp.178-179.

西村良二（1993）心理面接のすすめ方——精神力動的心理療法入門　ナカニシヤ出版

西園昌久（2002）精神分析可能性　小此木啓吾 他（編）精神分析事典　岩崎学術出版社　p.284.

沼初枝（2009）臨床心理アセスメントの基礎　ナカニシヤ出版

岡田暁宜（2015）関わりの始まりの力動的実践　精神分析研究，59 (2): 178-189.

小此木啓吾（1971）現代精神分析 I ——人間理解の発展　誠信書房

Perry, S., Cooper, A., & M. Michels, R. (1987) The psychodynamic formulation: Its purpose, structure, and clinical application. *American Journal of Psychiatry*, 144 (5): 543-550.

Rønnestad, M. H., & Skovholt, T. M. (2003) The journey of the counselor and therapist: Research findings and perspectives on professional development. *Journal of Career Development*, 30: 5-44.

佐野勝男・槙田仁・坂部先平（1997）精研式パーソナリティ・インベントリィ手引き 第3版　金子書房

下平憲子（2003）面接者の相談者理解の様式に関する基礎的研究——未経験者・初心者・経験者の比較から　専修大学大学院文学研究科心理学専攻修士論文（未公刊）

祖父江典人（2015）対象関係論に学ぶ心理療法入門——こころを使った日常臨床のために　誠信書房

Sullivan, H. S. (1954) *The Psychiatric Interview*. New York : W. W. Norton. 中井久夫・松川周二・秋山剛・宮崎隆吉・野口昌也・山口直彦（訳）（1986）精神医学的面接　みすず書房

鑪幹八郎・名島潤慈（2000）新版 心理臨床家の手引き　誠信書房

津川律子（2009）精神科臨床における心理アセスメント入門　金剛出版

氏原寛・成田善弘（共編）（2000）診断と見立て——心理アセスメント　培風館

渡辺明子（1983）構造転移と治療者転移　精神分析研究，26 (5): 315-323.

吉岡泰夫・早野恵子・徳田安春・三浦純一・本村和久・相澤正夫・田中牧郎・宇佐美まゆみ（2008）良好な患者医師関係を築くコミュニケーションに効果的なポライトネス・ストラテジー　医学教育，39 (4): 251-257.

索引

154

編者あとがき

　本書は、冒頭で触れられているように、私たちが大学院修了後数年の臨床心理士30名程度を対象に行ってきた「多摩精神分析セミナー」（通称「多摩セミナー」）のアセスメントコースの講義資料をもとに編集したものです（想定事例の「玉瀬美奈」さんの名前はこのセミナー名に由来しています）。

　このセミナーは私たちが、多様化する心理臨床の現場において必須の「アセスメントする力」を初学者が養う場の必要性とニーズの高さをひしひしと感じ、2016年から開講したものです。私たちは専修大学大学院の修了生、特に乾研究室の博士後期課程出身のメンバーが中心です。その私たちが共通に抱いている問題意識が、現行の心理臨床家養成教育だけでは現場で要請される業務に十分に応えることは難しいという課題でした。

　アセスメントコースのセミナーは、1回4時間の研修を2年間で計12回かけて学ぶものでした。受講者が知的に理解して終わることがないよう、事例をワーク形式でアセスメントする学習方法とし、講師陣と受講生が双方向的にディスカッションしながら進めるスタイルとしました。これが好評となりさらに2年間開催し、その中でセミナー講義資料をもとにした独習型ワークブック（本書）を作る計画が立ち上がりました。

　本書のもとになっているのは、心理臨床家で精神分析家の乾吉佑先生が実践しているアセスメントの熟練の妙技です。乾先生に事例検討を依頼すると、提出した事例資料の面接経過に入る前の段階のケース概要についてのディスカッションで、既にケースに関する深い見立て・見通しが立っており、その後に報告するはずの面接経過での展開をまるで言い当てられたような不思議な感覚を私たちはしばしば経験しました。この名人芸のような技をどうにか解き明かして自分たちも使えるようになりたいという探求心、そして「見える化」して同じくアセスメント力を身につけたいと思っている初学者に役立てたいという思いが、上記のセミナーや本書の動機であり、本書作成にあたって私たちが意識したことです。

　しかし当然ながら、乾先生が一人ひとりの来談者と丁寧に向き合い長年の臨床経験の積み重ねによって培ってきた技を、私たちが解き明かすこと、さらに初学者にも伝わるように噛み砕く作業はとても大変なものでした。作業を進めるほど、乾先生（ベテランの心理臨床家）がいかに多角的かつ同時並行的に複数の観点で来談者の語りを見聴きしてお

り、その情報をごく自然な行為として、まるで直感的に分析・評価していることがわかったためです。ただし、その直感とは前意識的なレベルでの作業であり、その分析や評価の結果の根拠を乾先生に質問すると論理的な説明が返ってきました。そのおかげで本書の作成が可能になりました。ちなみに、その論理的な説明によって、乾先生の頭の中でさらに複雑な作業が行われていることを知り、それをどう「見える化」するか途方に暮れることもしばしばでした。

　本書では精神力動的な立場による心理アセスメントを扱っていますが、本書作成にあたっては、より多くの初学者が本書を手に取り独習しやすいよう、精神分析の専門用語の使用をなるべく控えています。また、従来のテキストなどで検討されてきた概念や枠組みを再構成し、集めた情報のまとめ方や、受理判断・フィードバックまでの過程を含めた1つのモデルとして提示しています。これらに対して批判がある可能性も承知しています。しかし、それでも私たちがこのような方針を選択したのは、初学者が精神力動的な観点に触れる機会が減少している現状に危惧を抱いているからです。さらに近年では、毎週45〜50分間かつ長期の心理面接ケースを担当できる現場自体が減っており、初学者が1人の来談者の心にじっくりと向き合いながら、地道に研鑽を積むこと自体が難しくなっています。その結果、問題・症状の背景や意味などの心の機微を検討する観点自体を持ちにくくなっている現状を懸念しています。

　精神力動的な考え方に馴染みのない初学者が本書を手に取り、その考え方の基礎に触れ、力動的アセスメントの一連のプロセスをワークによって疑似的に体験することで興味や臨床的な意義を感じ、そこからより専門的なテキストに手を伸ばしていただけると幸いです。

　加えて、本書では似た内容を繰り返し説明しているところもありますが、これはベテランの心理臨床実践を初学者にわかりやすく伝えるために必要なことでした。上記の通り、ベテランはアセスメントに際して、多角的かつ同時並行的に検討を行っています。これを臨床経験の浅い初学者にもわかりやすく説明することは、例えるなら、三次元の立方体を二次元の平面図に展開して説明することに近いと考えています。つまり、同じ三次元を共有できる者同士なら、立方体を用いて「ここが頂点Aですね」と説明できるものを、三次元の感覚がわからない初学者には、二次元の平面図を使って「こことこことここを立体的に重ね合わせると頂点Aになりますね」と、1つの点を説明するために繰り返し説明せねばならないのです。こうした理由から、熟練の技を初学者に噛み砕くには、繰り返しは不可避だと考えています。

　大切なことは繰り返し説明し、それについて読者にもワークを繰り返し（乾先生の言葉を借りれば愚直に）行ってもらい、改めて説明し、「スーパーヴァイザーが横にいて、一つ

ひとつ丁寧に教えてくれるようなワークブック」を1つのコンセプトにして、本書をまとめました。

　本書の編者・執筆者には含まれていませんが、一緒にセミナーを企画・運営し、講師を務め、共にディスカッションしながら本書の基礎となる講義資料を作成した仲間たちがいます。横川滋章先生（関西国際大学）、馬淵聖二先生（千歳烏山心理相談室）、坂井俊之先生（東京医科大学病院）です。先生方なしに本書を完成させることはできませんでした。心より感謝申し上げます。また、アセスメントコースのセミナー受講者の皆さまとのディスカッションから着想や議論の深まりを得て、とりわけ「よくある質問」の参考にさせていただきました。心より御礼申し上げます。さらに、創元社の柏原隆宏氏には、本書の作成において折に触れて丁寧な助言やサポートをしていただきました。深く御礼を申し上げます。

　本書作成にあたっては、乾研究室の博士後期課程出身のメンバーの古田雅明、森本麻穂、加藤佑昌、そして同じく専修大学大学院出身の橋爪龍太郎が中心となり執筆作業を行いました。このうち、森本と加藤が編集作業も担当し、最終的な原稿の調整・取りまとめを行いました。

　各執筆者の原稿を執筆者同士で相互に何度も検討を繰り返したため、いつの間にか明確な分担を示しにくくなった側面もありますが、本書執筆における主な分担は以下のとおりです。「力動的な心理アセスメントのすすめ」は乾、「本書で扱う力動的アセスメント」は加藤、〈ステップ1　情報収集〉は加藤、古田、森本、「想定事例」は森本、古田、〈ステップ2　情報整理〉は森本、古田、橋爪、〈ステップ3　評価〉は加藤、〈ステップ4　潜在的な課題の探索〉は森本、〈ステップ5　受理判断〉は橋爪、〈ステップ6　フィードバック〉は古田が、主たる執筆者です。文献リスト作成には森本があたりました。

　それぞれが執筆した原稿について、監修者・編者・執筆者である乾吉佑先生と共に、月2回、各回2時間程度ずつ集まり、約3年間にわたってディスカッションを繰り返し、乾先生のアセスメントの技の仕組みを読み解いて「見える化」する試みに取り組みました。その集大成が本書です。

　なお、定例のディスカッションには都合で参加できないながらも、同じ乾研究室の博士後期課程出身で一緒にセミナー事務局・講師も務めた、井上美鈴氏（東洋学園大学）、下平憲子氏（信州大学総合健康安全センター）は、本書作成を側面から全面的にサポートする役割を担ってくださいました。感謝と共にここに記します。

　最後に、私たちは乾先生から、心理臨床家として「臨床・研究・教育」という3本の柱を実践する重要性を繰り返し教わってきました。本書はその教育実践の1つにあたります。本書が日常臨床のアセスメント業務で困っている初学者の手元に届き、その方々

の臨床実践に少しでも役立てていただけることを願っています。そして、日本の心理臨床実践において、来談者一人ひとりが抱える問題・症状の背景や意味をじっくりと検討する心理臨床家が増えることを願っています。その実現に向けた種としての本書の出版が、2023年2月に傘寿を迎えられる乾先生への一番の贈り物になるのではないかと考えています。

2022年10月　日本心理臨床学会第41回大会を終えて

編者を代表して
加藤佑昌

付録

付録1　情報整理ワークシート

1. **動機づけ**	(1) 動機づけの高さ [　高い　 ・ 　低い　] 　　 低い場合 → 誰の主訴か (　　　　　　　　　　　　　　) (2) なぜ、今この時期に来談したのか (3) なぜ、この相談施設を選んだのか
2. **顕在的な主訴**	(1) 困っている問題・症状とその経過 (2) どのように困っているか (生活や健康への影響、深刻さの程度) (3) 発生時の状況や人間関係 (4) 問題・症状の反復と対処

3. 家族と 生い立ち	(1) 家族構成と家族関係	ジェノグラム
	(2) 家族的リスク (遺伝負因、経済状況)	
	(3) 生い立ち	
4. 面接中の 語り方	(1) 「客観的な事実」と「主観的な体験」との照合	
	(2) 「語る内容」と「語る態度 (形式)」との照合	
	(3) 語り方の特徴	

付録2　評価ワークシート

個人のものの見方・考え方・感じ方・振る舞い方を評価する「5つの視点」	
1. **知的能力** 言語能力・実行能力・ 状況判断力	[　　高い　・　平均　・　境界線　・　特に低い　]
2. **現実検討力** (1) 自我境界機能と (2) 自己行動に関する 　判断力 ※ (1) → (2) の順に評価	[　　±　・　±〜干　・　干　・　−　]
3. **感情の調整** 感情を自覚して、状況に 応じて適度にコントロー ルする心の機能	[　　±　・　干　・　干〜−　・　−　]
4. **対象関係** 他者との関係において、 適切な距離を保ちながら 相互交流的に関わり、柔 軟に対応し、一貫した関 わりを保つ機能	[　　±　・　干　・　−　]
5. **アイデンティティ** 一貫しまとまった自分、 他者や同年代と本質的な 特質を共有する自分の感 覚を保ち、社会に役割や 居場所を認められる機能	[　　±　・　干　・　−　]

適応的な側面と不適応的な側面の整理	
適応的な側面	
不適応的な側面	

パーソナリティ構造の水準（病態水準）の判断					
5つの視点	評価				
1.知的能力	平均以上				境界線以下
2.現実検討力	±	± ～ 干	干	－	干以下の評価と考えられる
3.感情の調整	±	干	干 ～ －		
4.対象関係	±	干		－	
5.アイデンティティ	±	干			
パーソナリティ構造の水準（病態水準）	【A】	【B】	【C】	【D】	【E】

【A】健常者、NPO レベル（神経症水準のパーソナリティ構造）

【B】BPO higher レベル（境界例水準のパーソナリティ構造の中でも健康度が高いレベル）

【C】BPO middle レベル（境界例水準のパーソナリティ構造の中核的なレベル）、パーソナリティ障害

【D】BPO lower レベル（境界例水準のパーソナリティ構造の中でも健康度が低いレベル）、病理の重いパーソナリティ障害、PPO レベル（精神病水準のパーソナリティ構造）

【E】知的能力が低い

付録3　潜在的な課題の探索ワークシート

1. 顕在的な主訴の 反復	
2. 家族との課題・ ライフサイクル上 の課題	
3. その人特有の 体験の仕方	
4. 面接者との 関係性	
5. 潜在的な課題の 理解度・ 自覚の深さ	

付録4　受理判断ワークシート

受理判断のための3つの吟味事項	
1. 問題点の 深刻さの 程度	［　高　・　中　・　低　］
2. 心理面接の 見通し	(1) 援助を受け入れる準備状態（動機づけ） (2) 心理支援の妨げになるもの
3. 介入方法	(1) 面接形態 (2) 面接方法 (3) 面接構造

受理判断	
受理判断	［ 受理・条件付き受理（→条件）・不受理（→理由・他機関紹介の必要性）］

［監修者］

乾吉佑 （いぬい・よしすけ）

上智大学理工学部生物化学科を経て、早稲田大学第二文学部心理学専修卒業後、慶應義塾大学医学部精神科入局。臨床心理士、精神分析家。専修大学名誉教授。現在、多摩心理臨床研究室主宰。主要著訳書『生い立ちと業績から学ぶ精神分析入門』（創元社，監修）、『医療心理学　実践の手引き』（金剛出版，単著）、『思春期・青年期の精神分析的アプローチ』（遠見書房，単著）、『心理療法家の情緒的成熟』（創元社，監訳）など。

［編著者］

加藤佑昌 （かとう・ゆうすけ）

専修大学大学院文学研究科博士後期課程満期退学。臨床心理士、公認心理師。現在、専修大学人間科学部准教授。主要著訳書『生い立ちと業績から学ぶ精神分析入門』（創元社，共著）、『心理臨床家の成長』（金剛出版，共著）、『心理療法家の情緒的成熟』（創元社，共訳）など。

森本麻穂 （もりもと・まほ）

専修大学大学院文学研究科博士後期課程満期退学。臨床心理士、公認心理師。現在、かながわ臨床心理オフィス、跡見学園女子大学学生相談室カウンセラー。主要著書『生い立ちと業績から学ぶ精神分析入門』（創元社，共著）、『心理臨床家の成長』（金剛出版，共著）など。

［著者］

橋爪龍太郎 （はしづめ・りょうたろう）

専修大学大学院文学研究科修士課程修了。臨床心理士、公認心理師。現在、文京学院大学臨床心理相談センター・カウンセラー、清澄白河サイコセラピーオフィス主宰。主要著訳書『生い立ちと業績から学ぶ精神分析入門』（創元社，共編著）、『太陽が破裂するとき』（創元社，共訳）、『心理療法家の情緒的成熟』（創元社，共訳）など。

古田雅明 （ふるた・まさあき）

専修大学大学院文学研究科博士後期課程満期退学。博士（心理学）。臨床心理士、公認心理師。現在、大妻女子大学大学院人間文化研究科臨床心理学専攻教授、大妻女子大学心理相談センター所長。主要著訳書『キャンパスライフサポートブック』（ミネルヴァ書房，共著）、『マルチメディアで学ぶ臨床心理面接』（誠信書房，共著）、『太陽が破裂するとき』（創元社，共訳）など。

スモールステップで学ぶ
力動的な心理アセスメント
ワークブック

出会いからフィードバックまで

2023年7月30日　第1版第1刷発行
2024年6月10日　第1版第4刷発行

監修者——乾吉佑
編著者——加藤佑昌
　　　　　森本麻穂
発行者——矢部敬一
発行所——株式会社 創元社
〈本　　社〉
〒541-0047 大阪市中央区淡路町4-3-6
TEL.06-6231-9010 (代)　FAX.06-6233-3111 (代)
〈東京支店〉
〒101-0051 東京都千代田区神田神保町1-2 田辺ビル
TEL.03-6811-0662 (代)
https://www.sogensha.co.jp/
印刷所——株式会社 太洋社

編集協力　木村和恵
装丁・本文デザイン　長井究衡